Ralf Bernd Herden

Fragmente Oberrheinischer Freimaurerischer Geschichte

ISBN: 9783741239120

Herstellung und Verlag:
BoD - Books on Demand, Norderstedt

© Ralf Bernd Herden, Lahr und Freudenstadt 2016: Dieses Werk ist in allen seinen Teilen urheberrechtlich geschützt. Jede Form der Vervielfältigung, der Speicherung, der Übersetzung oder Übertragung gleich in welche Sprache oder welches Speichersystem, sowie die Nutzung des Werkes für Vorträge, Seminare etc. außerhalb der engen Grenzen des Urheberrechts ist verboten. Nachdruck oder Vervielfältigung sind auch auszugsweise untersagt.

Das auf der gegenüberliegenden Seite abgebildete Wappen des Autors ist ein geschütztes Namenszeichen, welches durch Eintrag in eine Wappenrolle und weitere Wappendeposite geschützt ist.

Rechtsanwalt
Ralf Bernd Herden

Lahr im Schwarzwald – Freudenstadt im Schwarzwald
Kehl am Rhein

Grußwort des Meisters (Vorsitzenden) der Forschungsloge „Quatuor Coronati" Nr. 808

Freimaurerei ist keine unpolitische Angelegenheit. Dies zeigt sich nicht nur auf welthistorischer Ebene, wo in Krisenzeiten politisch Verfolgte in den Logen Asyl fanden. Es zeigt sich auch in der lokalen Geschichte, wo sie nicht abzulösen ist von den Konstellationen der Macht.

Die Darstellungen Ralf Bernd Herdens zeigen die südwestdeutsche Freimaurerei vielfach in eine Rolle zwischen der Tradition des Adels und der Fortschrittlichkeit des aufgeklärten Bürgertums. Es sind Bilder der Nähe und der Ferne zugleich, in denen Freimaurer vorsichtig aufmerksam machen auf ihr Bestreben, bei der Gestaltung der politischen Wirklichkeit eigene Ansprüche geltend zu machen.

Die Rolle Badens als eines „Pufferstaates" zwischen Frankreich und dem entstehenden Deutschen Reich wird in den Arbeiten besonders sichtbar. Während Freimaurerei Schutz findet unter dem Protektorat Napoleons, muss sie zugleich ihre Stellung zum Patriotismus neu erfinden. Die Vorsicht wird zu einem Merkmal der Geheimhaltung und Geheimhaltung schließlich der Anlass für ein Verbot, wie es das „Verbot von 1813" darstellt.

Nähe und Ferne zeigt sich auch in dem Freimaurerischen Bekenntnis, das die Abkehr vom Bekenntnis zu einer offenbarten Religion bedeutet, aber zugleich die Nähe zur Religion bewahren möchte.

Der bürgerliche Charakter der Freimaurerei macht sie modern und altmodisch zugleich. Einerseits finden wir sie eng verbunden mit den Idealen der Befreiungskriege, andererseits festigen sich gerade dadurch in ihr restaurative Kräfte. Nationalitätsprobleme, wie sie im Zusammenhang mit dem deutsch-französischen Krieg und erneut mit dem Ersten Weltkrieg auftreten, geben ein weiteres Bild von der Relevanz des Politischen in der Freimaurerei.

Ralf Bernd Herden gelingt es, mit seinem Interesse an der Lokalgeschichte und mit seinem Kenntnisreichtum, das Bewusstsein der Brüder dafür zu steigern, dass sie Bürger zweier Welten sind, die durch sie miteinander verbunden sind: Die politische Geschichte ihres Landes und die Entwicklungsgeschichte ihrer Logen.

Prof. Dr. Klaus-Jürgen Grün

Meister der Forschungsloge
„Quatuor Coronati" Nr. 808 (in Bayreuth)
der „Vereinigten Großlogen von Deutschland"
Bruderschaft der Freimaurer (in Berlin)

Inhalt

Zur badischen Freimaurerei ab 1780 11

Ignatz Karl Heinrich Freiherr von Wessenberg 13

Freimaurerisches Bekenntnis 15

Die dreizehn Organisationsedikte 1803 17

Der Weg zur Verfassung 18

Pufferstaat Baden 20

Bis zum Freimaurerverbot 1813 24

Grundlagen der Freimaurerei 24

Oberrheinische (deutsche) Logen 27

Regularitätsfragen 28

Frühe Freimaurerpersönlichkeiten 29

Badens älteste Loge: Mannheim 30

Der „Große Orient von Baden" 31

Der „Große Landeslogenverein von Baden" 32

Die Entwicklung des Großorients von Baden 33

Die Zähringer und die Freimaurerei 34

Und die „Grande Armée" 35

Das Verbot von 1813 36

Das Erwinsfest in Steinbach 1845 39

Deutsche Freimaurerlogen in Straßburg 1871-1919 42

Zuerst nur zwangloses Maurerkränzchen 42

Möglichst gemeinsam mit den einheimischen Brüdern............. 43

Zuerst der Kaisergeburtstag 44

1872: Das Nationalitätenproblem 44

1873: „Zum treuen Herzen" 46

1876: Systemwechsel 46

1879: Audienz beim „Allerhöchsten Protektor" 47

1881: Kränzchen „An Erwins Dom" 49

1881: Unter dem Protektorat der „Einigkeit" in Frankfurt 50

1882: Loge „An Erwins Dom" 51

1882: Logenhaus „An Erwins Dom" 52

1884: Logenhaus „Zum treuen Herzen" 53

Kaiser Wilhelm I. spendet 5.000 Mark 53

Kaiser Wilhelm II. spendet nichts 54

1886: Einweihung des Logenhauses 55

Das Kaiserfest in Straßburg 1886 56

Bruder Kaiser Friedrich III. 57

Einladungen und Festteilnehmer 58

Kronprinz und Protektor-Stellvertreter 65

Das Ende der (deutschen) Logen von Straßburg 67

Christian Wilhelm Siefert aus Lahr 69

Wilhelm Schubert und Ferdinand Thiergarten 73

Emil Durain (1825-1892) von Kehl-Dorf 76

NS-Terror: Das Licht erlöscht 92

    Liquidierung aller Logen 93

    Parteiamtliche Kulturlosigkeit 95

    NS-Kulturträger in Berlin 96

    So sahen die Nazis die Logen 97

    In Lahr… 99

    Instrument jüdischer Rache… 101

    Meister maßloser Anpassung 102

Erwins Dom – Missbraucht! 104

Himmlers „Ariosophie der SS" 106

1740 Friedrich der Große zu Besuch 112

Wir reisen unerkannt… 113

Ankunft in Kehl 117

Nach Straßburg… 117

Quellen: 121

Literaturverzeichnis: 122

Zur badischen Freimaurerei ab 1780

Meist völlig unbekannt, in manchen Fällen durchaus auch mit kritischem Fragezeichen zu versehen, sind die Wechselbeziehungen zwischen Staat, Politik und Freimaurerei in Baden.[1]

Markgraf Karl Friedrich von Baden (1782-1811) der später (1806) erste Großherzog von Baden[2], wurde während seines Besuches in London im Jahre 1746 in den Bruderbund der Freimaurer aufgenommen.[3] Er, der zugleich Ehrenmitglied der Loge "Karl zur Eintracht" in Mannheim war,[4] anerkannte die Freimaurerei zwar nie offiziell - wie dies z.B. Friedrich der Große in Preußen getan hatte - war als Herrscher jedoch ein sehr aufgeklärter Absolutist.

Die Ehrenmitgliedschaft der Mannheimer Loge hatte der Landesvater wohl angenommen, über eine aktive Teilnahme am Logenleben des Markgrafen, Kurfürsten (des Heiligen Römischen Reiches Deutscher Nation) und späteren Großherzogs (als Rheinbundfürst von Gnaden des Kaisers der Franzosen, Napoleon I.) ist bisher leider

---

[1] Der nachfolgende Text ist eine überarbeitete, deutsche Version der ursprünglich englischsprachigen Short Summary zur Präsentation, welche der Autor bei der World Conference on Fraternalism, Freemasonry, and History: Research in Ritual, Secrecy, and Civil Society, veranstaltet von der Policy Studies Organization, Washington, DC (USA) in der Bibliothèque Nationale, Paris, France, im Mai 2015 halten wollte, wobei er leider aus zwingenden, beruflichen Gründen an einer Teilnahme verhindert war.

[2] 14. August 1806, Großherzoglich Badisches Regierungsblatt 1806 Nr. 18 p. 55. Karlsruhe 1806.

[3] Alois Wilhelm Schreiber: Lebensbeschreibung Karl Friedrichs, Großherzogs von Baden; Heidelberg, Verlag Joseph Engelmann 1811, p. 12. Sowie: Eugen Lennhoff/ Oskar Posener / Dieter A. Binder: Internationales Freimaurerlexikon; München, F. A. Herbig Verlagsbuchhandlung 2000, p. 100: Baden, Karl Friedrich.

[4] Freimaurer in Mannheim, p. 24. Festschrift zum Großlogentag A.F.uA.M.vD. 1991, herausgegeben von der gastgebenden Loge „Kurpfalz" in Mannheim; Mannheim, Eigenverlag der Loge 1991.

nichts überliefert. Während seiner Regierungszeit von 73 Jahren aber war Karl Friedrich von Baden ein sehr fortschrittlicher Landesvater, der sowohl die Folter (1767)[5], als auch die Leibeigenschaft (1783) abschaffte[6].

Unter seiner Herrschaft wurde das neue, badische Landrecht, entworfen und entwickelt durch Johann Nikolaus Friedrich Brauer[7], und den Grundzügen des Code Napoleon folgend, geschaffen und in Kraft gesetzt.[8] Es scheint wohl so zu sein, dass Brauer selbst kein Freimaurer war, aber in engem Kontakt und Austausch mit Freimaurern stand. Johann Nikolaus Friedrich Brauer (1754-1813) wird oft als „Der Gesetzgeber Badens" bezeichnet bzw. angesehen.

Einer der bekanntesten und bedeutendsten Verwaltungsfachleute seiner Zeit war Johann Georg Schlosser (1739-1799). Schlosser war Johann Wolfgang von Goethes (1749-1832) Schwager. Goethe war ebenfalls Freimaurer.

Markgraf Karl Friedrich ernannte den Freimaurer[9] zum Oberamtmann seiner Grafschaft Hochberg mit dem Amtssitz in Em-

---

[5] Alois Wilhelm Schreiber: Lebensbeschreibung Karl Friedrichs, Großherzogs von Baden; Heidelberg, Verlag Joseph Engelmann 1811, p. 27.
[6] Wolfgang Hug: Geschichte Badens; Stuttgart, Konrad Theiss Verlag 1992, p. 178.
[7] Er schreib auch Kirchenlieder und war darüber hinaus der Autor eines Buches über die evangelische Kirchenunion der Lutheraner und Reformierten: Johann Nikolaus Friedrich Brauer: Gedanken über einen Kirchenverein beider protestantischer Religionspartheien. Karlsruhe, Verlag Macklot 1803.
[8] 25. Februar 1809, Großherzoglich Badisches Regierungsblatt 7. Jahrgang 1809 Nr. IX, p. 77. In Kraft bis zum 01. Januar 1900, dem Tag, an dem das "Bürgerliche Gestzbuch" für das Deutsche Reich in Kraft trat. Das BGB gilt noch heute (mit Modifikationen), das Badische Landrecht in besonderen Fällen mit Verweis auf das Recht vor dem BGB ebenfalls.
[9] Schlosser war der erste "Meister vom Stuhl" der Loge „Edle Aussicht" in Freiburg im Breisgau (1784-1786) und später "Meister vom Stuhl" der Loge „Leopold zur Treue" in Kalrsruhe. Hierzu : Festschrift "200 Jahre Freimaurer in Freiburg"; Herausgegeben von der Freimaurerloge "Humanitas zur freien Burg" (dies war und ist heute wieder die „Edle Aussicht"); Freiburg, Eigen-

mendingen. Der Markgraf und sein Oberamtmann waren jedoch - obwohl beide Freimaurerbrüder - nicht immer gleichen Sinnes, vor allem im Hinblick auf all das, was Reformen im sozialen und landwirtschaftlichen Bereich betraf.

Die Herrscher Badens aber wollten, nein mussten auf Grund ihrer besonderen politischen und geographischen Lage eine funktionierende und fortschrittliche Verwaltung haben. Was lag dabei näher, als auf die fortschrittlichsten, und dabei dem Landesherren stets treu ergebenen Brüder Freimaurer zurückzugreifen: Viele Freimaurer waren in hohen militärischen, administrativen und kirchlichen Ämtern tätig.

Selbst der von badischer Seite als erster Erzbischof von Freiburg gewünschte Ignatz Heinrich von Wessenberg (1774-1860, Generalvikar des 1821 aufgelösten Bistums Konstanz) soll Freimaurer gewesen sein. Wenn dies auch letztendlich bis heute nicht eindeutig geklärt ist.

Ignatz Karl Heinrich Freiherr von Wessenberg

Ignatz Heinrich Karl Freiherr von Wessenberg, Pseud.: Heinrich von Ampringen[10], wurde geboren am 04. November 1774 in Dresden und starb 06. August 1860 in Konstanz; er war ein bedeutender, katholischer Reformtheologe, Staatsmann und auch Freimaurer. Wessenberg studierte ab 1792 Theologie, Philosophie, Kirchengeschichte und Kirchenrecht an den Universitäten Dillingen, Würzburg und Wien.

Er erhielt im gleichen Jahr Dompräbenden in Augsburg, Konstanz und Basel. Nach dem Studium ließ er sich im Jahr 1798 in Konstanz nieder und wurde 1800 Generalvikar des Bischofs von Konstanz, Karl Theodor Anton Maria Reichsfreiherr von Dalberg.

---

verlag der Loge 1984. / Festschrift „200 Jahre Freimaurer in Karlsruhe"; Herausgegeben von der Freimaurerloge „Leopold zur Treue"; Karlsruhe, Eigenverlag der Loge 1985.
[10] Deutsche Biographische Enzyklopädie, Band 10 S. 457

Dalberg[11] (1744-1817), war Bischof von Konstanz, letzter Kurfürst von Mainz und Kurerzkanzler, Erzbischof von Regenburg und Fürst-Primas des Rheinischen Bundes, zugleich aber auch erster Stuhlmeister der 1781 gestifteten Loge „Johannes zur brüderlichen Liebe" in Worms und der 1787 gestifteten, zu seinen Ehren „Johannes zu den drei Rädern" genannten Erfurter Loge.

Wessenberg empfing 1812 die Priesterweihe, wurde 1814 Koadjutor des Bischofs von Konstanz, Carl Theodor von Dalberg, und war in den Jahren 1817-1827 Bistumsverweser.

Wessenberg wurde 1817 vom Vatikan als Bischof von Rottenburg und 1822 als Erzbischof von Freiburg abgelehnt: Auf dem Wiener Kongress hatte er sich im Auftrag Dalbergs um die Herstellung einer deutsch-katholischen Nationalkirche unter einem deutschem Primas eingesetzt.

Bis zur Auflösung des Bistums Konstanz 1821 schützte ihn die badische Regierung in der Ausübung seines Amtes; seitdem lebte er in Konstanz als Privatmann. Er war Mitglied der I. badischen Kammer 1819-1833, resignierte von seinen kirchlichen Ämtern im Jahr 1827 und widmete sich schriftstellerischer Tätigkeit.

Wessenberg war ein Gegner der römischen Kurie und Vertreter eines Reformkatholizismus, vor allem auch im Hinblick auf Priesterausbildung, Liturgie, Predigt und auch allgemeine Volksbildung. Wessenberg war aktiver Freimaurer. Von ihm soll das freimaurerische Bekenntnis „Mein Glaube" stammen. Hierzu hatte er den in lateinischer Sprache von Thomas a Kempis stammenden Text „Die Nachfolge Christi" in seinem „Gebets- und Andachtsbuch für Gebildete aller Stände" (3. Auflage 1865) übernommen und ins Deutsche übersetzt.

Wessenberg war auf Schloss Arenenberg übrigens auch der Lehrer des Sohnes von Hortense Bonaparte, der jungen Louis Napoleon Bonaparte, uns allen besser bekannt als Napoleon III., Kaiser der Franzosen.

---

[11] Lennhoff / Posner / Binder, S. 200

Freimaurerisches Bekenntnis

Ich glaube, dass die schöne Welt regiere ein hoher, weiser, nie begriffener Geist.
Ich glaube, dass Anbetung ihm gebühre; doch weiß ich nicht, wie man ihn würdig preist.
Nicht glaub' ich dass der Dogmen blinder Glaube dem Hohen würdige Verehrung sei;
Er bildet uns ja, das Geschöpf vom Staube, von Irrtum nicht und nicht von Fehlern frei.
Drum glaub' ich nicht, dass vor dem Geist der Welten des Talmud und des Alkoran
Bekenner weniger als Christen gelten, verschieden zwar, doch alle beten an.
Ich glaube nicht, wenn wir von Kanzeln hören, der Christenglaube mache nur allein,
uns selig; wenn die Unduldsamen lehren „Verdammt muss jeder Andersdenker sein".
Das hat der Meister, der einst seine Lehre mit seinem Blut besiegelt nie gelehrt;
Das hat fürwahr – dem Herrlichen sei Ehre – kein Jünger je aus seinem Mund gehört!
Er lehrte Schonung, lehrte Duldung üben, Verfolgung war der hohen Lehre fern;
Er lehrt' ohn' Unterschied die Menschen lieben, verzieh dem Schwachen, jedem Feinde gern.
Ich glaube an des Geistes Auferstehen, dass, wenn im Tod das matte Auge bricht, geläuterter wir dort uns wiedersehen.
Ich glaub' und hoff' es – doch ich weiß es nicht.
Dort, glaub' ich, werde sich die Sehnsucht stillen, die hier das Herz oft foltert und verzehrt,
die Wahrheit, glaub' ich, wird sich klar enthüllen, dem blicke dort, dem hier ein Schleier wehrt.

Ich glaube, dass für dieses Erdenleben, glaub's zuversichtlich, trotz der Deutlerzunft,
zwei schöne Güter mit der Herr gegeben: Das eine Herz, das andere heißt Vernunft.
Das letzt're lehrt mich prüfen und entscheiden, was ich für Pflicht, für Recht erkennen soll.
Laut schlägt das Erste bei des Bruders Freuden, nicht minder, wenn er leidet, warm und voll.
So will ich denn mit regem Eifer üben, was ich als Recht, was ich als Pflicht erkannt.
Will brüderlich die Menschen alle lieben, am Belt, am Hudson und am Gangesstrand.
Ihr Leid zu mildern und ihr Wohl zu mehren, sei stets mein heiligster Beruf.
Durch Taten glaub ich würdig zu verehren den Geist, der mich wie sie erschuf.
Und tret' ich einst dann aus des Grabes Tiefen hin vor des Weltenrichters Angesicht
So wird er meine Taten strenge prüfen, doch meinen Glauben – nein, das glaub ich nicht!

Definitiv nachweisbar ist hingegen, das mit Johann Evangelist Engesser (1778-1867, Priesterweihe 1801, Freimaurer 1809, Direktor der katholischen Kirchensektion im Ministerium des Inneren) ein hochrangiges Mitglied des katholischen Klerus Mitglied der Freiburger Loge "Zur Edlen Aussicht" war.[12]

---

[12] Hierzu: Rainer Braun: Freimaurer im Parlament des Bundeslandes Baden-Württemberg und seiner Vorläufer seit 1818. Jahrbuch für Freimaurerforschung (Bayreuth / Würzburg) Vol. 45 / 2008, p. 167-226

Die dreizehn Organisationsedikte 1803

Im Jahre 1803 wurde Baden durch die 13 Organisationsedikte verwaltungsmäßig völlig neu organisiert.[13] Diese frühe und umfassende Neuorganisation ist durchaus - für einen der süddeutschen, werdenden Mittelstaaten - nicht alltäglich.

Durch die Organisationsedikte bekamen beispielsweise alle christlichen Konfessionen die rechtlich gleiche Stellung[14] eingeräumt. Autor der Organisationsedikte war Johann Nikolaus Friedrich Brauer.

Von den Organisationsedikten 1803 zu unterscheiden sind die Konstitutionsedikte, welche wenige Jahre später folgten. Im ersten Konstitutionsedikt,[15] wurde festgehalten: "Jeder Mensch, wes Glaubens er sei, kann Staatsbürgerrechte genießen."

Im Juli 1808 versprach Großherzog Karl - der alte Landesvater - dem badischen Volk die Gewährung einer Verfassung und die Schaffung einer Volksvertretung.[16]

Im Januar 1809 erhielten auch die Juden in Baden eine, zumindest teilweise, kirchenrechtliche Gleichstellung: "Die Judenschaft in Baden bildet einen eigenen konstitutionsmäßig aufgenommenen

---

[13] Kurfürstlich-Badische Landesorganisation in 13 Edicten nebst Beilagen und Anhang; Karlsruhe, Macklots Hofbuchhandlung, 1803.

[14] Kurfürstlich-Badische Landesorganisation in 13 Edicten nebst Beilagen und Anhang; Karlsruhe, Macklots Hofbuchhandlung, 1803, p. 4

15 Erstes Konstitutionsedict, die kirchliche Staatsverfassung des Großherzogtums Baden betreffend, vom 14. Mai 1807, zitiert nach Jacob Heinrich Rieger: Sammlung von Gesetzen und Verordnungen... Braunsche Buchhandlung, Offenburg 183. S. 2

[16] Landesherrliche Verordnung der obersten Staatsbehörden, 5. Juli 1808; Regierungsblatt für das Großherzogtum Baden, 1808 Nr. XXI, vom 08. Juli 1808, p. 185/186; Karlsruhe 1808.

Religionsteil unserer Lande, der gleich den übrigen unter seinem eigenen, angemessenen Kirchenregiment steht, (...)."[17]

Zur eigentlichen, bürgerlichen Gleichstellung kam es jedoch erst 1862.[18] Bis dahin waren noch manche Steine aus dem Weg der Gleichberechtigung zu rollen. In den Jahren 1808/09 und 1816 folgten zwei Verfassungsentwürfe.

Der Weg zur Verfassung

Die Verfassung von 1818[19] (entworfen und entwickelt von Karl Friedrich Nebenius (1784-1857, zum Freimaurer aufgenommen 1809 in Besancon) garantierte (nach damaligem Zeitverständnis) individuelle Freiheitsrechte und Gleichheit vor dem Gesetz. Zu Beamtenstellen waren jedoch nur Christen der drei badischen Konfessionen befähigt.[20]

Trotzdem war die badische Verfassung von 1818 überhaupt Deutschlands liberalste Verfassung jener Zeit. Man muss dabei aber auch bedenken, dass unter "Gleichheit vor dem Gesetz" zur damaligen Zeit etwas ganz anderes verstanden wurde, als wir dies heute, unter den Auspizien des Grundgesetzes, tun.

Zur gleichen Zeit - um 1820 - wurden in Baden die beiden christlichen Kirchen auf organisatorisch neue Grundlagen gestellt: Aus der lutherischen und der reformierten Kirche wurde die "Verei-

---

[17] Landesherrliche Verordnung , 13. Januar 1809; Regierungsblatt für das Großherzogtum Baden, 1809 Nr. VI, veröffentlicht 11. Februar 1808, p. 29ff; Karlsruhe 1809.

[18] Gesetz, die bürgerliche Gleichstellung der Israeliten betreffend vom 04. Oktober 1862; Großherzoglich Badisches Regierungsblatt Nr. XLVIII veröffentlicht 07. Oktober 1862, p. 450; Karlsruhe 1862

[19] Verfassungsurkunde für das Großherzogtum Baden vom 22. August 1818; Großherzoglich Badisches Staats- und Regierungsblatt 1818, Nr. XVIII, veröffentlicht 29. August 1818, p. 101 ff.; Karlsruhe 1818

[20] § 9 der Badischen Verfassung vom 22. August 1818, Großherzoglich Badisches Staats- und Regierungsblatt 1818, Nr. XVIII, p. 101 ff. veröffentlicht 29. August 1818; Karlsruhe 1818.

nigte evangelisch-protestantische Landeskirche in Baden"[21] geschaffen, eine einzigartige Konsensunion beider protestantischer Konfessionen.

Durch päpstliche Bulle erhielt die römisch-katholische Kirche in der Form des Erzbistums Freiburg 1821 ihre heutige Gestalt. [22]

Man wird diese beiden neuen, staatskirchenrechtlichen Entscheidungen jedoch nicht nur als kirchenfreundlich begründet sehen dürfen. Vielmehr ist zu beachten, dass der Gedanke staatlicher Einheit hier auch den Wunsch einer – jeweils von den Einflüssen anderer Staatlichkeiten unabhängigen – „Nationalkirche" gestärkt hat. Bei der man dann die Führungspositionen auch ausschließlich mit badischen Landeskindern besetzen konnte. Ohne landesherrliche Zustimmung – der Großherzog behielt sich selbstverständlich das landesherrliche Kirchenregiment vor – konnten die Kirchen ohnehin keine wesentlichen Entscheidungen treffen.

---

[21] Landesherrliche Verordnung, die Vereinigung der beiden evangelischen Landeskirchen betreffend, datierend vom 25. Juli 1821, Großherzoglich Badisches Staats- und Regierungsblatt 1821, Nr. XVI, p. 119 ff. veröffentlicht 21. September 1821; Karlsruhe 1821. Hierzu auch: Ralf Bernd Herden: Bad Rippoldsau und die badische Konsensunion; Die Ortenau – Jahrbuch des historischen Vereins für Mittelbaden; Vol. 85 (2005), p. 135-142.; Offenburg, Verlag des Historischen Vereins für Mittelbaden, 2005.

[22] Papst Pius, Päpstliche Bulle „Provida solersque" vom 16. August 1821 August 16.

Pufferstaat Baden

Baden war, schon lange vor seiner Erhebung zum Großherzogtum von Napoleons Gnaden und bis zur Schaffung des Deutschen Reiches 1871[23] ein Pufferstaat, der vor allem französischen Interessen zu dienen hatte.[24] Seit der Französischen Revolution und durch das Zeitalter Napoleons hindurch wurde dies durch zahllose Souveränitätsverletzungen dokumentiert: Den Rastatter Gesandtenmord 1799[25] (französische Diplomaten als Opfer "befehlsüberschreitender" österreichischer Soldaten des 11. Szekler Husarenregiments), 1804 die militärische Entführung französischer Emigranten aus Offenburg[26] und im gleichen Jahr die Entführung des Prinzen Louis Antoine Henri de Bourbon-Condé, Duc d'Enghien durch ein militärisches Kommandounternehmen aus Ettenheim[27], sowie im Jahre 1807 die gewaltsam erzwungene Auslieferung des Barons Auerweck [28] an Frankreich.

---

[23] Proklamation am 18. Januar 1871 im Spiegelsaal zu Versailles. Der badische Großherzog Friedrich I. durfte das erste "Hurra" auf seinen Schwiegervater, Kaiser Wilhelm I. ausbringen. ; Verfassung des Deutschen Reiches: Deutsches Reichsgesetzblatt Band 1871, Nr. 16, Seite 63 – 85, in der Fassung vom 16. April1871, veröffentlicht am 20. April 1871, Berlin 1871.

[24] Frank Engehausen: Kleine Geschichte des Großherzogtums Baden 1806-1918; Karlsruhe, G. Braun Buchverlag 2005, p. 19.

[25] Vergleiche hierzu:: Carl Mendelsohn-Bartholdy: Der Rastatter Gesandtenmord; Heidelberg, Verlag Fr. Bassermann 1869. Auch: J.F.Th. Zandt: Der Rastatter Gesandtenmord; Karlsruhe, G. Braunsche Hofbuchhandlung 1869. Oder: Joseph Freiherr von Reichlin-Medlegg: Der Rastatter Gesandtenmord; Heidelberg, Carl Winters Universitätsbuchhandlung 1869.

[26] Karl Obser: Ein Bericht über die Vorgänge in Offenburg vom 11. bis 15. März 1804; Mitteilungen der Badischen Historischen Kommission, Karlsruhe, Verlag Braun 1899, p.m57-m66. Auch: Häusser, Ludwig: Deutsche Geschichte vom Tode Friedrich des Großen bis zur Gründung des deutschen Bundes; Zweiter Teil: Bis zu den Schlachten von Jena und Auerstädt (14. Oktober 1806); Berlin, Weidmannsche Buchhandlung 1855, p. 515 ff.

[27] Ernst Batzer: Ein Bericht über die Gefangennahme des Herzogs von Enghien in Ettenheim; Die Ortenau – Jahrbuch des historischen Vereins für

Unter Napoleon, dem Schwiegervater des Großherzogs Karl Friedrich Ludwig (1786-1818, Großherzog ab 1811; er hatte 1806 die Adoptivtochter Napoleons, Stéphanie de Beauharnais[29], kaiserliche Hoheit, geheiratet) war Baden ein französischer Sattelitenstaat. Erst nach der Völkerschlacht von Leipzig wandte man sich vom Schwiegervater ab, als dieser ohnehin auf verlorenem Posten stand.

Nicht zu vergessen dabei, dass es im deutsch-französischen Grenzgebiet seit den ersten Tagen der Freimaurerei grenzüberschreitende Beziehungen gab.

Als Napoleon I. das Protektorat über den Rheinbund übernahm, fanden die badischen Freimaurerbrüder Schutz aus den Reihen der Elite Frankreichs. Das gleiche sollte sich nach dem II. Weltkrieg wiederholen.

Im Großherzogtum Baden zur Zeit des Rheinbundes existierten zwei freimaurerische Großlogen.

Der "Badische Landeslogenverein" (seit 1809 in Freiburg) und der "Großorient von Baden" (seit 1807 in Mannheim).[30] Die Freiburger Loge "Zur Edlen Aussicht" hatte ihr Gründungspatent im Jahre 1784 durch die Großloge von Österreich erhalten, gehörte der Breisgau bekanntlich doch bis 1805 (Friede von Pressburg) zu Österreich und wurde erst danach badisch.

Mittelbaden; Vol. 18 (1931); p. 177-182. Offenburg, Verlag des Historischen Vereins für Mittelbaden 1931.

[28] Auerweck von Steilenfels (1766-1830): Lothar Wichua; Die Ortenau, Jahrbuch des Historischen Vereins für Mittelbaden; Vol. 61 (1981), p. 178 ff.; Offenburg, Verlag des Historischen Vereins für Mittelbaden 1981.

[29] Stephanie war ganz einfach die Tochter eines Vettern des ersten Ehemannes der ersten Kaiserin Josephine, die später aus politischen Gründen der Ehe Napoleons mit der österreichischen Erzherzogin Marie-Loiuse weichen musste.

[30] Ralf Bernd Herden: Großorient von Baden und Badischer Landeslogenverein von der Gründung 1806 zum Freimaurerverbot 1813. TAU I/2013, Zeitschrift der Forschungsloge Quatuor Coronati in Bayreuth; Bayreuth, Verlag der Forschungsloge Quatuor Coronati 2013.

Die Mitglieder der Freiburger Loge waren deutlich "Pro-Habsburg" orientiert. Man wünschte sich die Heimkehr des Breisgaus zu Vorderösterreich. Und hielt damit, sehr zum Leidwesen des regierenden Hauses, das sich doch auch "Herzöge von Zähringen" nannte, auch nicht hinter dem Busch.

Andererseits war der "Großorient von Baden", wie schon sein Name nahelegt, eng mit dem "Großorient von Frankreich" ("Grand-Orient de France") verbunden. Diese Beziehungen waren sicher nicht nur freimaurerischer, sondern auch politischer Natur. Zum "Großorient von Baden" gehörte auch die einzige, badische Feldloge jener Zeit, von der vermutet werden darf, dass sie - französischen Traditionen folgend - wohl mit dem Regiment von Hochberg verbunden war.

Konfessionell war es übrigens so, dass gemäß der regionalen Verteilung der "Landeslogenverein" wohl mehr katholische, der "Großorient" wohl mehr protestantische Mitglieder aufwies.

Das Ergebnis all dieser Entwicklungen war, dass Großherzog Karl Friedrich Ludwig im Jahre 1813 ein landesweites Verbot aller geheimen Verbindungen, gerade auch der Freimaurerei, erließ. [31] Die Völkerschlacht von Leipzig und der "Frankfurter Akzessionsvertrag"[32] hatten ihre Spuren hinterlassen.

Politisch ist es nicht vermessen, sehr plakativ zu sagen: Frankreich (Kaiser Napoleon I., der Großherzogs Schwiegervater) schuf Baden in seiner heutigen Gestalt in den Jahren 1805/06[33], und Russland (Zar Alexander I., des Großherzogs Schwager) rettete Baden auf dem Wiener Kongress. [34]

---

[31] Großherzoglich Badisches Regierungsblatt 11. Jahrgang 1813 Nr. 5, p. 25. (veröffentlicht am 25. Februar 1813).
[32] Frank Engehausen: Kleine Geschichte des Großherzogtums Baden 1806-1918. Karlsruhe, G. Braun Buchverlag 2005, p. 29
[33] Paul Sauer: Napoleons Adler über Württemberg, Baden und Hohenzollern; Stuttgart, Verlag W. Kohlhammer 1987.
[34] Hans Leopold Zollner: Greif und Zarenadler – Aus zwei Jahrhunderten badisch-russischer Beziehungen; Karlsruhe, Badenia-Verlag 1981.

Aber dort hatte ja bekanntlich selbst Metternich ein Interesse daran, Frankreich nicht zu sehr zu schwächen - damit Preußen nicht zu sehr erstarken möge, und auch Russland nicht zu sehr seinen Einfluss nach Westen ausbauen könnte.

Jedenfalls haben Badens Freimaurer, egal welcher der beiden Richtungen sie angehörten, einen weitaus größeren Einfluss auf die badische Politik jener Zeit ausgeübt, als allgemein bekannt ist oder angenommen wird.

Dies zeigt sich schon allein darin, wie massiv die badische Freimaurerei im 19. Jahrhundert Gesellschaft und Politik mitgeprägt hat. Die Wurzeln dafür wurden schon in der Zeit vor dem Großherzogtum begründet.

Bis zum Freimaurerverbot 1813

Wenn hier aus der Geschichte der badischen Freimaurerlogen berichtet werden soll, so soll einführend kurz über das Wesen der Freimaurerei eine richtigstellende Aufklärung gegeben werden. Intolerante Ignoranz, meist noch immer nachwirkendes Gift der Blutsaat aus den Gedankenbildern Hitlers, Ludendorffs, Streichers und Goebbels prägt noch heute viel zu oft das Zerrbild der Freimaurerei. Objektive und sachliche Informationen, obwohl frei zugänglich, werden in den seltensten Fällen zu Rate gezogen. So bleibt Freimaurerei die große Unbekannte, beargwöhnt und belächelt, still verehrt und laut verfemt, oft bestaunt und mindestens genauso oft verkannt.

Grundlagen der Freimaurerei

Die Grundlage der humanitären Freimaurerei sind die „Alten Pflichten" des englischen Geistlichen Reverend James Anderson[35], welcher sie am 25. März 1722 erstmals veröffentlichte. Sie verpflichten den Freimaurer auf einen sittlichen Lebenswandel. Die christliche Freimaurerei verlangt dazu ein individuelles Gottesbekenntnis ohne Konfessionsgebundenheit. Beide Richtungen stehen noch heute nebeneinander, sind sich jedoch eng verbunden und sehen sich insgesamt als Einheit.

Freimaurerei ist und will aber keine Ersatzreligion sein. Sie selbst versteht sich als eine Gemeinschaft, die eine undogmatische Weltanschauung pflegen will. Jedes Dogma, jede vorgegebene Zwangsmeinung wird – und dies ist das Fundament der Freimaurerei, welche sich noch heute der Symbole der Bauhütten des Mittelalters bedient – strikt abgelehnt. Freiheit, Gleichheit und Brüderlichkeit sind, genauso wie Humanität und Achtung der Schöpfung, wesentliche Voraussetzungen dafür, dass unter Menschen unterschiedlicher

---

[35] James Anderson, Dr. phil. et theol., M.A., 1680 in Aberdeen geboren, Prediger an der Kirche der schottischen Presbyterianer in London, verstorben 1739 in London

Herkunft und Überzeugung, unterschiedlicher Berufe und Bildungsgänge jenes Vertrauen entstehen kann, welches das freimaurerische Erlebnis ausmacht.

Dazu gehört auch das – über die Konfession hinweg verbindende Bewusstsein – der Achtung nicht nur vor der Schöpfung, sondern auch der Ehrfurcht vor dem Schöpfer.

Er findet in die Freimaurerei Eingang durch das Symbol des „Großen Baumeisters aller Welten" – und mahnt damit auch jeden Freimaurer, seiner Religion treu zu sein, ohne hierdurch indifferent oder intolerant zu werden.

Freimaurerei könnte man als die Vermittlung einer Moral durch Symbole und Allegorien definieren.

Die Lehren der Freimaurer werden durch zahlreiche Symbole dargestellt. Nur einige wenige davon sollen hier kurz erwähnt werden:

Die Winkelwaage, zur Erinnerung daran, dass alle Menschen gleich geboren werden und dass allen am Ende der Tod, der große Gleichmacher, begegnet.

Der Zirkel als Symbol der Pflicht.

Das Senkblei als Zeichen innerer und äußerer Aufrichtigkeit.

Der rohe und der bearbeitete Stein – Symbole für den Zustand des Menschen in seinem Streben nach Fortentwicklung zum Guten.

Das allsehende, göttliche Auge als Symbol der Allgegenwart der „Großen Baumeisters aller Welten". Es ist übrigens noch heute auf den US-amerikanischen Dollarnoten abgebildet.

Ihren nachweisbaren Ursprung nahm die Freimaurerei in England. Noch heute ist die englische Großloge die Mutterloge aller regulären Nationalgroßlogen und Freimaurerlogen der Welt. Neben der Übernahme der Bräuche der Maurer-Bauhütten, welche von den Steinmetzen der Kathedralen des Mittelalters gepflegt worden sind, wird auch die unbewiesene Legende der Nachfolge des durch den König von Frankreich und den Papst im Jahr 1307 zerschlagenen Templer-Ordens immer wieder erwähnt.

Sich selbst sieht die Freimaurerei als Gemeinschaft, welche schon vor unvordenklichen Zeiten entstand. Daran ist sicherlich wahr, dass es bereits zu allen Zeiten Menschen gab, welche sich in besonderer Weise auf die Suche nach dem rechten Lebensweg begeben wollten, Humanität pflegen wollten, und dieser besonderen Lebensart auch Ausdruck in äußerer Form geben wollten.

Diese äußere Form besteht für die Freimaurer in ihren Ritualen, in denen symbolisch das Streben nach Humanität zum Ausdruck gebracht wird. Diese Rituale, und die bei ihnen gehaltenen Vorträge (Zeichnungen genannt) wollen erfahrbare Richtschnur sein. Im Mittelpunkt jeder rituellen Arbeit steht dabei die Achtung vor der Erkenntnis, dass Welt und Schöpfung nicht Zufälle sind, sondern Wille des Schöpfers, der eben durch den Begriff des „Allmächtigen Baumeisters aller Welten" verehrt wird.

Oberrheinische (deutsche) Logen

Im mittelbadischen Raum, sowie im angrenzenden Straßburg bzw. Freudenstadt, bestanden bzw. bestehen folgende Freimaurerlogen:

Baden-Baden: Loge „Badenia zum Fortschritt", gegr. 1871, zwangsaufgelöst 1933, reaktiviert 1949; „Zur Perle im Schwarzwald", gegr. 1927, zwangsaufgelöst 1935, reaktiviert 1955, ruhend seit 1966, erloschen 1969.

Freudenstadt: Die Loge „Zuflucht im Schwarzwald" wurde 1967 in Freudenstadt gegründet und installiert. Sie wurde wesentlich von Brüdern gegründet, welche der Lahrer Loge „Allvater zum freien Gedanken" angehörten. Noch heute bestehen innige Verbindungen beider Logen.

Kehl am Rhein: Loge „Eifel", gegründet 1958 in Spangdahlem, später verlegt nach Bitburg-Mötsch, danach nach Kehl, zugehörig zur „American Canadian Grandlodge within the United Grand Lodges of Germany; Loge „Erwin", geründet als „Kränzchen" der Lahrer Loge „Allvater zum freien Gedanken" im Jahre 1871 (Gründungsbestrebungen bereits ab 1867/69), ab 1873 als selbständige Loge, ruhend von 1885-1923, erloschen 1935.

Lahr im Schwarzwald: Loge „Allvater zum freien Gedanken", gegründet 1868, zwangsaufgelöst 1933, wieder aktiviert 1952, nachdem erste freimaurerische Zusammenkünfte sofort nach Kriegsende und Befreiung wieder stattfanden; zugehörig zur „Großloge der Alten freien und angenommenen Maurer von Deutschland" in den „Vereinigten Großlogen von Deutschland". Loge „Black Forest", englischsprachig, gegründet 1968, zugehörig zur „American Canadian Grandlodge within the United Grand Lodges of Germany". Loge „Les Douze Etoiles" gegründet 2012, französischsprachig, ebenfalls zugehörig zur „American Canadian Grandlodge within the United Grand Lodges of Germany".

Offenburg: Loge „Offene Burg zur Erkenntnis", 1866 als freimaurerische Vereinigung gegründet, bald darauf ruhend. 1877 als

Loge wieder aktiviert, ruhend ab 1887, reaktiviert 1901, später wieder ruhend, ab 1915 wieder als freimaurerische Vereinigung aktiv, ruhend ab 1935, ab 1950 Deputationsloge (sozusagen „Tochter unter dem Dach der Mutterloge „Allvater" in Lahr), später wieder freimaurerische Vereinigung, heute als ruhend anzusehen. Feierte jedoch im Dezember 1966 noch das hundertjährige Stiftungsfest. Erhaltene Logenabzeichen werden von der Lahrer Loge „Allvater zum freien Gedanken" verwahrt.

Straßburg: Loge „Zur Bruderliebe im Wasgau", gegründet 1913, musste 1919 auf französischen Befehl hin die Lichter für immer löschen; Loge „Zum treuen Herzen", gegründet 1873 als Nachfolgeloge für eine ursprünglich französische Loge „St. Jean d'Ecosse" war ab 1919 in Karlsruhe im Exil und musste 1935 dank der Nationalsozialisten für immer die Lichter löschen; Loge „An Erwins Dom", gegründet 1881/82, welche 1919 nach Frankfurt am Main geflohen, 1921 nach Hanau verlegt, 1933 von den Nazis zwangsaufgelöst und 1950 reaktiviert, erlosch 1968.

Regularitätsfragen

Eine Freimaurerloge gilt als ruhend, sofern sie nicht mehr freimaurerisch arbeiten kann, jedoch als Vereinigung weiter besteht. Sie gilt als erloschen, wenn sie sich freiwillig aufgelöst hat. Jahre der Zwangsauflösung, wie unter der Gewaltherrschaft der Nationalsozialisten, werden von den Freimaurerlogen als Jahre des Ruhens einer Loge bewertet: Die freimaurerische Arbeit war unmöglich, die Loge jedoch unrechtmäßig und unfreiwillig aufgelöst.

Eine Freimaurerloge gilt als „gerecht und vollkommen", wenn sie eine Stiftungsurkunde („Charter") von einer regulären Großloge empfangen hat, und zugleich die feierliche Einsetzung und Einrichtung der Loge nach den Regeln der Großloge erfolgt ist. Hiervon gibt es weltweit lediglich drei Ausnahmen: Jene drei englischen Logen, welche bereits vor der Gründung der „United Grand Lodge of England" bestanden, und daher als „lodges form times immemorial" gelten.

Eine Großloge kann auf zwei Wegen freimaurerische Regularität erlangen: Zum einen können sich mehrere, reguläre Logen zu einer Großloge zusammenschließen. Hierfür ist eine Mindestanzahl erforderlich, über deren Größe jedoch unterschiedliche Ansichten bestehen. In jedem Fall kommt eine Großloge regulär zustande, wenn eine Vereinigung regulärer Logen von einer anderen, regulären Großloge als Großloge anerkannt wird.

So ist dies beispielsweise bei den deutschen Großlogen der Fall, welche die Anerkennung der „United Grand Lodge of England" besitzen, die weltweit als höchste, freimaurerische Körperschaft anerkannt wird. Sie hat einen geschichtlich begründeten Ehrenvorrang, der darin seinen Ursprung hat, dass von England aus die moderne Freimaurerei ihren Ursprung nahm.

Frühe Freimaurerpersönlichkeiten...

Unabhängig vom Bestand der Logenorganisationen gilt: Auch bereits sehr früh bestanden freimaurerische Verbindungen einzelner Persönlichkeiten auch aus unserer Raumschaft. Hier sei nur auf zwei Personen hingewiesen:

Franz Friedrich Sigmund August Freiherr Böcklin von Böcklinsau, geboren 1745, verstorben 1813, war Mitglied der Freimaurerloge „Zur Edlen Aussicht" in Freiburg. Er soll bereits 1783 Mitglied der Loge „Zur Unschuld" in Wien gewesen sein.

Von dem Reichsritter und späteren Grundherren zu Rust, dem Schlossherren des Balthasarschlößchens, wird berichtet, er habe sich jeden Monat einen Tag lang in sein Arbeitszimmer zurück gezogen, „um vor einem Totenkopf zu meditieren oder in seiner Sammlung von Bibelsprüchen zu lesen. Er muss in einem inneren Frieden gelebt haben, dessen Geheimnis schon seinen Zeitgenossen undurchdringlich erschienen ist.

Im Jahre 1808 schrieb der rege Autor ein Buch unter dem Titel „Briefe zum Nachdenken über den Allvater", ein – dem Geiste seiner Zeit entsprechendes – für heutige Leser doch etwas schwülstiges Werk, jedoch durchaus nicht ohne Geist und Tiefgang.

J. W. C. von Lahr wurde am 24. April 1805 in die „Pilger Loge" in London aufgenommen. Das Diplom seiner Aufnahme befindet sich heute im Besitz einer Freiburger Freimaurerloge. Der Lahrer Bruder ist im Mitgliederverzeichnis der „Pilger Loge" (1779-1879) mit der Mitglieder-Nummer 281 von insgesamt 708 Mitgliedern aufgeführt. Die Pilger-Loge, welche die englische Matrikel-Nummer 238 trägt, hatte es sich zur Aufgabe gemacht, vor allem für beruflich oder zur Ausbildung vorübergehend in London weilende Freimaurer eine Heimstätte zu bieten. Sie besteht übrigens bis heute noch.

Badens älteste Loge: Mannheim

Die älteste, noch heute aktive Loge Badens ist die Loge „Carl zur Einigkeit" in Mannheim, welche am 28. November 1778 gegründet worden ist und der Großloge „Royal York zur Freundschaft" in Berlin angehörte. Mannheim gehörte damals zur bayerischen Pfalz, so dass die Loge nach dem Logenverbot in Bayern 1785 ihre freimaurerische Tätigkeit einstellen musste. Es war dies aber nicht das erste, landesherrliche Verbot, das die Freimaurerei in Mannheim traf: Bereits aus dem Oktober des Jahres 1737 stammt ein landesherrliches Dekret, das die Freimaurerei in der Kurpfalz untersagte.

Unterstellt man, dass dieses Reskript einen Grund gehabt haben muss – nämlich vermutlich eine Loge unter französischer Jurisdiktion in Mannheim – dann wäre zwar die Hamburger Loge „Absalom zu den drei Nesseln" mit ihrem Gründungsjahr 1737 die älteste, noch heute bestehende Freimaurerloge in Deutschland. Nachdem die Loge „Absalom zu den drei Nesseln" aber erst im Dezember 1737 mit der Lichteinbringung eröffnet wurde, könnte man durchaus unterstellen, die erste Freimaurerloge Deutschlands habe vor dem kurfürstlichen Reskript in Mannheim in der Kurpfalz, und damit heute in Baden, bestanden.

Mannheim fiel im Jahre 1803 an Baden, daher konnte die Loge im Jahre 1805 wieder eröffnet werden. 1806 wurde der Namen in

„Carl zur Eintracht" geändert, eine deutliche Reminiszenz an das neue Herrscherhaus der Zähringer, hieß der Regent doch Karl Friedrich, und der präsumtiver Nachfolger zu erwartende Erbprinz Karl (nachdem dessen Vater Karl Ludwig bereits im Dezember 1801 im schwedischen Arboga einem Unfall zum Opfer gefallen war).

Der „Große Orient von Baden"

Das Kapitel der Mannheimer Loge konstituierte sich im Jahre 1806 zum „Großen Orient von Baden", welcher am 25. Juni 1807 vom Großorient von Frankreich anerkannt wurde. Am 10. August 1807 wurde ein Angehöriger des hohen Adels zum Großmeister gewählt.

Noch nicht eindeutig geklärt ist dabei, ob es sich um einen Rheinbundfürsten selbst, oder aber einen seiner Brüder handelte, welcher in badischen Diensten als hoher Offizier stand. Sollte es der betreffende Rheinbundfürst persönlich gewesen sein, so muss man eindeutig betonen, dass er mehr als frankophil war, nämlich von Napoleon völlig überzeugt. Hauptursache für die Gründung war der Wunsch, allen badischen Freimaurern eine gemeinsame „Oberbehörde" zu geben, und zugleich nicht länger unter der Aufsicht einer auswärtigen, maurerischen Oberbehörde zu stehen.

Man entschloss sich aus diesem Grund auch zur Einführung der „reinen, laten Observanz", des Ritus, welcher auch im (die Politik Badens dominierenden) Nachbarland Frankreich herrschte.

Auf einem in Wieblingen abgehaltenen Kongress einigte man sich über den Beitritt der Loge „Karl zur guten Hoffnung" in Heidelberg, welche 1807 wieder gegründet worden war.

Der Beitritt der Heidelberger Loge erfolgte am 10. April 1808 in Mannheim. Die Heidelberger Loge löste jedoch bald ihren Bund wieder, vor allem auf Wunsch der Regensburger Loge, von welcher sie ihre Konstitution erhalten hatte.

Trotzdem erweiterte sich der Bund des „Großorients von Baden" recht bald, und zwar durch die Errichtung der Loge „Zum Tempel des vaterländischen Lichts" in Bruchsal und der Loge „Karl und

Stephanie zur Harmonie" in Mannheim, welche beide im Jahre 1809 gegründet wurden.

An der Spitze des Großorients von Baden standen im Jahr 1809 ausschließlich Angehörige des hohen Adels, hohe Offiziere und Beamte, Professoren und angesehene Vertreter des Bürgertums.

Der Großorient von Baden hatte freimaurerische Verbindung zu zahlreichen Großlogen, vor allem zum Großorient von Frankreich und dem Großorient von Westfalen.

Der „Große Landeslogenverein von Baden"

Der „Große Landeslogenverein von Baden" war am 23. Mai 1809 von den Logen „Karl zur Einigkeit" (gegründet 1786) in Karlsruhe, „Zur edlen Aussicht" (gegründet 1784) in Freiburg und der Loge „Karl zur guten Hoffnung" in Heidelberg gegründet worden. Die Karlsruher und die Freiburger Loge hatten ihre Tätigkeit allerdings während der französischen Revolution einstellen müssen, und konnten ihre Tempel erst im Jahre 1808 wieder öffnen. 1809 trat auch die Heidelberger Loge „Karl zur deutschen Biederkeit" bei, später wohl auch die Bruchsaler Loge und die Loge „Minerva" in Mannheim.

An der Spitze dieser Großloge stand ein Geheimrat aus dem badischen Freiherrenstand, welcher seine Abstammung bis auf Carolina Luisa von Wangen, leibliche Tochter des Markgrafen Karl Wilhelm von Baden-Durlach, zurückführen kann. Der „Große Landeslogenverein von Baden" ließ alle Systeme zu, ausgenommen der des französischen Rituals, welches ja in Mannheim seinen eigenen Orient hatte.

Nach den Statuten des Großlogenvereins sollte das Direktorium alle drei Jahre wechseln, jedoch lag die tatsächliche Führung bei der Loge „Karl zur Einigkeit" in Karlsruhe, welche von Mai 1809 bis Juli 1812 insgesamt 17 Directorialsitzungen ausgerichtet hat. Die turnusgemäß folgende Freiburger Loge „Zur edlen Aussicht" richtete lediglich im Januar 1813 eine Directorialsitzung aus.

Die Entwicklung des Großorients von Baden

Der „Großorient von Baden" bestand aus den beiden genannten Mannheimer Logen, sowie der Loge von Bruchsal. Laut seiner aus dem Jahre 1812 stammenden Statuten bekannte und anerkannte er alle Riten, ohne einem ausdrücklich anzugehören, damit sich ihm jede Loge anschließen konnte, sofern sie nicht durch anderweitige Vereinbarungen gebunden war. Der „Großorient von Baden" erklärte ausdrücklich, dass er nur Eintracht bewirken und den Orden gegen Missbrauch schützen wolle, weshalb man sich weder in die Riten, noch die innere Verwaltung der Logen einmischen wolle.

Zum Großorient gehörte ferner die Feldloge Nr. 1, „Mars, Minerva und Karl zur Treue", deren Gründungsbeschluss am 02. Februar 1812 erging und deren Patent und Installation vom 17. Februar 1812 datiert. Die Feldloge hatte ihren Standort in Kassel, wo noch heute die Kasseler Loge „Goethe zur Bruderliebe" aktiv ist. Diese Loge war bereits 1773 als „Fréderic de l'amitié" unter der Großloge „Royal York de l'amitié" gegründet worden, trat 1807 zum Grand Orient de France unter dem Namen „König Hieronymus Napoleon zur Treue" über und wurde 1814 als „Wilhelm zur Standhaftigkeit" die Loge Nr. 1 der „Großen Provinzialloge von Kurhessen".

Über die badische Feldloge Nr. 1 finden sich bisher leider keine weiteren Unterlagen, ihre Entwicklung und Auflösung zu unbekanntem Zeitpunkt wäre jedoch von größtem Interesse. Interessant ist jedoch die Tatsache, dass die Feldloge Nr. 1 wohl nach dem Brauch französischer Freimaurer einer bestimmten Einheit zugeordnet war – entgegen z.B. der preußischen Tradition, die an bestimmten Orten Feldlogen unterhielt, die nicht an ein bestimmtes Truppenkontingent gebunden waren. Die heute aktive, deutsche Feld- und Militärloge „Henning von Tresckow" mit ihrem Sitz in Potsdam arbeitet sowohl an ihrem Sitz in Potsdam, als auch bei Bedarf an anderen Standorten der Bundeswehr.

Die Zähringer und die Freimaurerei

An dieser Stelle ist es nochmals angebracht, auf das badische Herrscherhaus der Zähringer und ihr Verhältnis zur Freimaurerei einzugehen.

Karl Friedrich von Baden (* 22. November 1728 in Karlsruhe; † 10. Juni 1811 ebenda) war Markgraf von Baden-Durlach (1746-1771), Markgraf von Baden (1771-1803), Kurfürst des Heiligen römischen Reiches (1803-1806); offiziell "Markgraf zu Baden und Hochberg, Herzog zu Zähringen, des hl. Römischen Reichs souveräner Kurfürst, Pfalzgraf bei Rhein, Landgraf im Breisgau, zu Sausenberg und in der Ortenau usw.", erster Großherzog von Baden (1806-1811); offiziell "Großherzog von Baden, Herzog von Zähringen". Er war 1747 nach England gereist, und hatte dort an der Parlamentseröffnung teilgenommen. Wohl anlässlich dieser Reise war der damalige Markgraf von Baden-Durlach in England in den Freimaurerbund aufgenommen worden. Karl Friedrich von Baden stand der Freimaurerei positiv gegenüber.

Allerdings hatte bereits Großherzog Karl Friedrich am 09. Juni 1810 alle studentischen Verbindungen an den beiden badischen Landesuniversitäten Heidelberg und Freiburg verboten:

„Alle geheimen Studenten-Orden, nämlich solche Gesellschaften, welche sich durch Privat-Eide, Vergelübdungen, oder sonstige Verpflichtungen zu gewissen Endzwecken verbinden, sind durchaus untersagt. Sollten gegen unser Erwarten dennoch solche Verbindungen bestehen, so haben sich dieselben unverzüglich nach Verkündigung dieses aufzulösen. Geschieht dieses nicht oder sollten in der Zukunft dergleichen geheime Verbindungen unter Studenten errichtet werden, so sollen bei solchen Orden und Verbindungen, wenn sich auch gleich außerdem keinen nachteiligen Zweck haben, oder sonst in keinen bedenklichen Verbindungen stehen, die Oberen, Senioren, Werber … bestraft werden. … Die Hausbesitzer und andere Personen sollen einer solchen Gesellschaft, bei Vermeidung strenger ... Strafe keine Unterkunft gestatten". [36]

Gegengezeichnet war das Verbot durch den Freiherrn von Reitzenstein, der selbst Illuminat gewesen sein soll. Ein Albin von Reitzenstein (1852-1927) sollte später Großarchivar der Großloge „Royal York zur Freundschaft" in Berlin werden.

Sein ihm auf dem badischen Thron folgender Enkel, Großherzog Karl von Baden, vermählt mit Großherzogin Stephanie geborene de Beauharnais, Fille de France, Kaiserliche Hoheit, Adoptivtochter Napoleons I., trat 1811 in die Fußstapfen seines 73-jährig verstorbenen Großvaters.

Am 14. September 1812 war sein Schwiegervater Napoleon kampflos in Moskau eingezogen, am gleichen Tag brach in der Stadt der „Große Brand von Moskau" aus. Am 19. Oktober reist Kaiser Napoleon von Moskau ab, seine „Grande Armee" erleidet am 03. November in der Schlacht bei Wjasma die erste, empfindliche Niederlage auf dem Rückmarsch.

Am 26. November erleidet Napoleon mit seinen Verbündeten die kriegsentscheidende Niederlage an der Beresina. Am 16. Dezember erreichen die vernichtend geschlagenen Reste der „Großen Armee" Ostpreußen und überqueren die Memel. Von über 500.000 Soldaten haben nur rund 5.000 den Feldzug überlebt. Unter den Gefallenen befinden sich auch zahlreiche Badener.

Und die „Grande Armee"

Bereits am 3. Dezember hatte Napoleon das 29. Bulletin der Grande Armee verkünden lassen. Darin legt er erstmals das ganze Desaster seiner Niederlage offen. Für die Öffentlichkeit war dies ein Schock. Das Bulletin schuf und befestigte die Legende, dass die Grande Armée einzig am Winter gescheitert wäre. Es beginnt mit den Worten Jusqu'au 6 novembre, le temps a été parfait (Bis zum 6. No-

---

[36] Großherzoglich Badisches Regierungsblatt, Jahrgang 1810, Seite 181 / 182

vember ist das Wetter bestens gewesen) und schließt mit der berühmten Wendung La santé de Sa Majesté n'a jamais été meilleure (Die Gesundheit Seiner Majestät ist niemals besser gewesen).

Das Bulletin erschien am 17. Dezember, einen Tag vor der Ankunft des Kaisers der Franzosen in Paris im „Moniteur", dem offiziellen, kaiserlichen Verkündungsorgan. Großherzog Carl von Baden stiftete am 26. Dezember 1812, dem Namenstag seiner Gattin Stephanie, den „Orden vom Zähringer Löwen", mit der Ordensdevise „Für Ehre und Wahrheit".

Das Verbot von 1813

Am 25. Februar 1813 erließ Großherzog Karl nochmals ein ausdrückliches Verbot aller geheimen Verbindungen. Es richtete sich vor allem gegen die Studentenverbindungen, wurde aber auch gegen die Freimaurer angewandt. Auch aus dem Jahre 1824 soll es ferner ein großherzogliches Reskript von Großherzog Ludwig geben, das ich bisher jedoch noch nicht auffinden konnte.

Das Verbot von 1813 hatte folgenden Wortlaut:

„Wir, Carl von Gottes Gnaden Großherzog zu Baden, Herzog zu Zähringen, Landgraf zu Nellenburg, Graf zu Hanau etc. Haben uns bewogen gefunden, alle auf denen in unseren Landen bestehenden Universitäten und Licaen etwa noch befindlichen OrdensVerbindungen und Landsmannschaften, wes Namens sie seien, andurch strengstens zu verbieten, um zu verhüten, dass, nach davon gemachten, traurigen Erfahrungen, die auf denselben befindliche Jugend, deren Zweck wissenschaftliche und moralische Bildung sein sollte, nicht davon abgeführt, und zu unnützen Ausgaben und Zeit vergeudenden Zusammenkünften verleidet mögen werde, die auf Geist und Vermögen gleich nachteilige Wirkungen haben. Aus diesem nämlichen Grund verbieten Wir gleichfalls alle in unseren Staaten etwa existierende geheime Verbindungen und Orden, welcher Art und wes Namens sie sein mögen. Wir befehlen ihnen dadurch, sich binnen acht Tagen aufzulösen und dem betreffenden Kreisdirectorio solches anzuzeigen; diesem erteilen wir den Befehl, hierüber pünktlich zu wachen, und zur Befolgung desselben die nötigen Maßregeln zu ergreifen, dermaßen zwar, dass, falls dasselbe Gesellschaften dieser Art in Erfahrung bringen sollte, die sich nicht selbst aufheben, es solche schließe und den Erfolg dieser Verordnung anzeige.

Alle Diener, die bisher in einer solchen Gesellschaft waren, sollen einen Lossagungsrevers in gleicher Frist einreichen. Unser Ministerium des Inneren ist mit der Verkündung und dem Vollzug beauftragt."[37]

Auffällig ist, dass die badischen Verbote von den preußischen Regelungen abweichen. Bereits am 20. Oktober 1798 hatte König Friedrich Wilhelm ein „Edikt wegen Verhütung und Bestrafung geheimer Verbindungen, welche der allgemeinen Sicherheit nachteilig werden können", erlassen.

Allerdings wurden folgende Großlogen ausdrücklich von dem Verbot ausgenommen:
Die „Große National-Mutterloge zu den drei Weltkugeln"
Die „Große Landesloge"
Die Großloge „Royal York de ‚Amitié"

Sie alle hatten ihren Sitz in Berlin und waren dem Haus Hohenzollern in ganz besonderer Weise verbunden. In Preußen gab es sogar ein sog. „Sprengelrecht", ähnlich dem Parochialrecht der Kirchen: Wo eine reguläre Loge bestand, hat diese ganz besonderen Schutz genossen.

Das hat übrigens später dann bei der Frage der deutschen Freimaurerlogen in Elsass-Lothringen nach der Wiedereingliederung 1870 große Probleme bereitet. Während der Nichtfreimaurer Bismarck eine Großloge für das Elsass anstrebte, kämpften die drei altpreußischen Logen für ihr Sprengelrecht. Sie sind aber letztendlich gescheitert.

---

[37] Großherzoglich Badisches Regierungsblatt, Jahrgang 1813 Seite 25/26

Mit dem Verbot aus dem Jahre 1813 endete die offizielle, badische Freimaurerei. Interessant sind dabei aber auch die im Wesentlichen erhaltenen Lossagungsreverse der einzelnen Staatsdiener, welche sich in deren Personalakten bis heute erhalten haben.

Leider gingen große Teile freimaurerischer Aktenbestände durch die Verbrechen des Nationalsozialismus, die damit verbundenen Beschlagnahmen und Enteignungen, verloren. Die Akten wurden ins Reichssicherheitshauptamt überführt, während des II. Weltkrieges ausgelagert und galten danach zuerst als verschollen. Manches ging wohl auch durch die spätere Verschleppung der Aktenbestände nach Sowjetrussland verloren, wobei anerkannt werden muss, dass die sowjetrussischen Archivare mit den Beständen, die in ihre Hände gelangten, wohl sehr sorgfältig umgingen.

Die Völkerschlacht von Leipzig (16. bis 19. Oktober 1813) war die Entscheidungsschlacht der Befreiungskriege: Wir alle kennen die Devise „Der König rief, und alle, alle kamen". Verballhornt auch: „Der König schlief, doch alle, alle kamen" oder „Alle, alle riefen, bis der König kam".

Preußen, Schöpfer dieses Ausspruches, hat zum hundertjährigen der Völkerschlacht ein Zweimarkstück und ein Dreimarkstück mit diesem Motiv herausgegeben. Bei der Völkerschlacht kämpften die Truppen der Verbündeten Österreich, Preußen, Russlands und Schwedens gegen die Truppen Kaiser Napoleon Bonapartes. Damals waren auf französischer Seite auch noch badische Truppen dabei, denn Großherzog Carl „hat erst nach der Völkerschlacht die Kurve gekratzt" und seinem Schwiegervater den politischen Rücken zugedreht.

Gerade noch rechtzeitig, dass die Verwandtschaft in Gestalt von Zar Alexander Baden noch retten konnte. Gut, eine Schwester zu haben, die badische Prinzessin Luise, welche unter dem Namen Elisabeth als Gattin von Alexander Romanow russische Zarin ist. Die Badener verstanden sich gut auf Heiratspolitik, auch später mit der preußischen Prinzessin Luise und Großherzog Friedrich I., wobei gesagt werden muss, dass dieser Ehe ein geradezu vorbildlicher Ruf zukam.

Mit bis zu 600.000 beteiligten Soldaten aus über einem Dutzend Völkern war die Völkerschlacht von Leipzig übrigens bis zum Beginn des vorigen Jahrhunderts die größte Feldschlacht der Geschichte. In dieser wichtigsten Schlacht des Befreiungskrieges gegen die napoleonische Fremdherrschaft brachten die zahlenmäßig überlegenen verbündeten Heere der Österreicher, Preußen, Russen und Schweden Napoleon Bonaparte die entscheidende Niederlage bei, die ihn dazu zwang, sich mit der verbliebenen Restarmee und ohne Verbündete aus Deutschland zurückzuziehen.

In der Schlacht wurden von den rund 600.000 beteiligten Soldaten etwa 90.000 getötet oder verletzt – darunter auf beiden Seiten zahlreiche Deutsche.

Im Jahre 1913 – genau 100 Jahre später – wurde in Leipzig das 91 Meter hohe Völkerschlachtdenkmal fertiggestellt. Dieses Wahrzeichen wurde an der Stelle errichtet, an der die heftigsten Kämpfe stattfanden und die meisten Soldaten fielen. Es birgt auch eine lebhafte, freimaurerische Symbolik, worüber durchaus ein eigener Artikel verfasst werden könnte.

Die badische Freimaurerei war aber nicht tot. Sie trat allerdings erst wieder nach dem Erwinsfest in Steinbach 1845 an die Öffentlichkeit. Auch hier waren es übrigens französische Brüder, welche, genauso wie nach dem II. Weltkrieg, der Freimaurerei in Baden wieder den Weg öffneten.

Das Erwinsfest in Steinbach 1845

Am 31. August 1845 waren die Freimaurer Deutschlands und Frankreichs zum Erwinsfest[38] in das badische Steinbach eingeladen, wo am Eingang des Neuweirer Tales die Wiege des großen Münsterbaumeisters gestanden haben soll, der das Weltkulturerbe[39] des Straßburger Münsters schuf: Seinem Gedenken galt eine ganz besondere

---

[38] Hierzu: Huber, Erich A.: „Das Erwinsfest der Freimaurer 1845", in: Die Ortenau 1966 / 216

[39] Die historische Altstadt Straßburgs wurde 1988 zum Weltkulturerbe erklärt.

„Erwinsfeier". In Steinbach war bereits am 24. August 1844 eine Steinsäule zum Gedenken an Erwin von Steinbach enthüllt und der Gemeinde zum Geschenk gemacht worden.

Um Erwin von Steinbach (1240-1318), den Begründer der Straßburger Hauptbauhütte der Steinmetzen (1275)[40], deren Steinmetzenordnung noch im Jahr 1621 eine kaiserliche Bestätigung erhielt, zu ehren, hatte die Straßburger Loge „Die vereinigten Brüder" (wohl die französische Loge „Les Frères Réunis") beschlossen, ein Bruderfest zu veranstalten.

Zu diesem Bruderfest „das die Kette des großen Bundes um den Denkstein des Meisters enger knüpfen" sollte, waren die Freimaurer-Brüder aus Frankreich, Deutschland und der Schweiz eingeladen worden.

Um sechs Uhr morgens, bei einem prächtigen Sonnenaufgang, versammelten sich die Freimaurer Straßburgs, denen sich Deputationen der Logen aus Metz, Nancy, Mühlhausen und Basel anschlossen, sowie einzelne Brüder weiterer Logen, am Straßburger Bahnhof. Mit sieben Omnibus, damals noch gezogen von Pferden, fuhr man zum Bahnhof nach Appenweier. Auf der badischen Station bezog man drei eigens reservierte Bahnwaggons, welche sich gegen 8.00 Uhr morgens in Bewegung setzen: „Unter traulichen und fröhlichen Gesprächen wurde die Strecke bis an die Station Steinbach in anderthalb Stunden zurückgelegt."

In Steinbach wurden die Reisenden bereits erwartet: Vertreter der Freimaurerlogen von Karlsruhe, Stuttgart, Mannheim, Frankenthal und Frankfurt waren genauso anwesend, wie Bürgermeister und Gemeinderat von Steinbach zum Empfang der Gäste gekommen waren. Nach herzlicher Begrüßung zogen die Brüder unter klingendem Spiel in den geschmückten Saal des Gasthauses „Zum Sternen" ein, wo unter Musikbegleitung ein Frühstück serviert wurde.

Um 11.00 Uhr fand im großen Saal des Rathauses eine freimaurerische Tempelarbeit statt: „Nur Eingeweihte durften an dieser

---

[40] Artikel: Erwin von Steinbach, in: Deutsche Biographische Enzyklopädie, Band 3, Seite 169

Versammlung teilnehmen". Beim Verlassen des Rathauses bildet sich der Festzug, dem sich Geheimrat von Bekk, Präsident der badischen Abgeordnetenkammer, und Rat von Haefelin, Oberamtmann von Bühl, anschlossen.

Am Fuß des Denkmals angekommen, bildete sich ein Halbkreis, ergriffen wurden den Ansprachen von sechs Rednern gelauscht: „Schweigsam, inbrünstig standen sie da, die Maurer und die Laien hingerissen durch die feurigen Worte der Söhne Galliens, durch die ergreifenden Mahnungen der Kinder Germaniens. Kein Laut, kein Atemzug störte die andächtige Stille; alles fühlte sich erfasst von unsäglicher Ahnung. Nach beendigten Festreden drängt sich der Kreis der Brüder enger um die Säule und weihte das Denkmal auf Freimaurerweise. Ein Lobgesang zu Ehren des großen Weltenbaumeisters schloss die schöne Feier.

Ein Bankett schloss sich der Feier an. Unter den rund 150 Freimaurern weilten dabei auch der Präsident der Abgeordnetenkammer und der Oberamtmann, wobei die Minister Nebenius und von Dusch ebenfalls hierzu geladen waren, anderer Verpflichtungen wegen aber hatten absagen müssen.

In bunten Gruppen saßen die Brüder fröhlich zusammen: „Ein Band der Liebe und Eintracht umschlang alle Stände, alle Religionen, alle Länder." Mit einem Toast auf die Brüder, die Einheit aller Logen, die Eintracht Frankreichs und Deutschlands und einem Lebehoch auf den badischen Großherzog als Landesfürsten wurde die Feier beschlossen, jedoch nicht ohne auch der Steinbacher Armen gedacht zu haben, für deren Wohl die Versammlung 200 Franken hinterlegte.

Deutsche Freimaurerlogen in Straßburg 1871-1919

Am Abend des 27. März 1872[41] versammelten sich in der Weinhandlung Spener (später Schrempp, Fasanengasse 4)[42] in Straßburg 22 (reichsdeutsche) Freimaurerbrüder, welche das Schicksal als zivile oder militärische Beamte nach der Rückeroberung des Elsass und damit auch Straßburgs durch deutsche Truppen[43] zusammengebracht hatte. Ihr Ziel war es ein freimaurerisches Kränzchen zu gründen. In der Stadt, welche unser Freimaurerbruder Friedrich der Große im Jahre 1740 inkognito aufgesucht hatte. Und in welcher die Freimaurerei, hier in ihren französischen Ursprüngen, eine sehr alte und reiche Tradition, aber auch lebendige Gegenwart hat.

Zuerst nur zwangloses Maurerkränzchen

Man wollte, wenn auch nicht zu rituellen Arbeiten, so doch maurerisch zusammenkommen, um sich austauschen zu können. Die Zusammenkünfte sollten in der Form eines „Kränzchens" stattfinden, wollte man doch der traditionsreichen Loge Straßburgs, „Les Frères Réunis", zu Anfang keinesfalls Konkurrenz machen.

Die deutschen Brüder gaben sich der Hoffnung hin, mit der zum „Grand Orient de France" gehörenden Loge Verständigungsmöglichkeiten zu finden.

Damals gab es die Regularitätsfrage in der heutigen Form noch nicht, man sah lediglich „nationale Grenzen", erinnerte sich dabei aber sicher auch wohlwollend an das Engagement französischer Brüder für die deutsche Freimaurerei, vor allem im benachbarten Baden:

---

[41] Hierzu auch im Folgenden: Bartholdy (1904).

[42] Das Haus Rue du Faisan 4 beherbergt heute eine Galerie, die Fassade des Anwesens hat wohl noch die Gestalt wie in der Zeit der freimaurerischen Zusammenkünfte. Die Rue du Faisan mündet in die Rue Brûlée, in deren Haus Mummer 8 die „Les Frères Réunis" um 1830 ihr Logenlokal hatten. Beide Straßen liegen in unmittelbarer Nähe des altehrwürdigen Münsters.

[43] Zur Belagerung Straßburgs 1870: Herden (2007).

In Folge des Erwinsfestes in Steinbach 1845, organisiert von französischen Brüdern, war in Baden das Freimaurerverbot aufgehoben worden. In Baden war die Freimaurerei bekanntlich seit 1813 verboten gewesen.

Möglichst gemeinsam mit den einheimischen Brüdern…

Die (reichsdeutschen) Straßburger Brüder strebten ursprünglich eine Vereinigung mit den (nunmehr zwangsweise „reichsländischen") Brüdern der Loge „Les Frères Réunis" an, ging man doch davon aus, „dass eine Animosität der elsässischen Brüder entweder gar nicht vorhanden, oder nur politischer Natur sei".

Ferner hatte man im Reichsland Elsass-Lothringen Befürchtungen im Hinblick auf das Sprengelrecht, wie es dies in Preußen zum Schutz der altpreußischen Logen damals noch galt.

Zwar galt diese Regelung für Elsass-Lothringen nicht, und nicht nur der Nichtfreimaurer Fürst Bismarck strebte die Gründung einer eigenen, elsässischen Großloge an. Diese Politik verfolgte auch der für Elsass-Lothringen zuständige Oberpräsident Eduard von Moeller, der zuvor ab 1866 als Oberpräsident das preußisch gewordene Hessen-Nassau verwaltet hatte.

Die Kontakte, welche man mit der Loge „Les Fères Rèunis" anknüpfte, waren beidseitig von brüderlichem Geist geprägt. Allerdings stellten die Straßburger Brüder, die sich sonst zu jedem Entgegenkommen bereit erklärten, unmissverständlich fest, dass man nicht von ihnen verlangen könne, die durch Eid besiegelten Beziehungen zum „Grand Orient de France" abzubrechen.

Die Loge des „Les Frères Réunis" gehört seit der Gründung 1811 dem „Grand Orient de France" an und existiert auch heute noch. Ihrem 220-jährigen Jubiläum widmete das Historische Museum der Stadt Straßburg 2011 eine Ausstellung.[44]

---

[44] LES LES FRÈRES RÉUNIS À STRASBOURG, UNE LOGE MAÇONNIQUE ENGAGÉE; MUSÉE HISTORIQUE DE LA VILLE DE STRASBOURG, 15 OCTOBRE 2011 / 5 FÉVRIER 2012.

So wurden von deutscher Seite die Gespräche abgebrochen – man war wohl nicht nur durch Logenbruder Meyer, der als deutscher Polizeidirektor in Straßburg amtierte, über politische Überlegungen der deutschen Regierung nicht ganz ahnungslos. Trotzdem vereinbarte man gegenseitige Besuche, und die deutschen Brüder berichten, dass sie bei den Brüdern der Loge „Les Frères Réunis" im Café Spiegel stets gut aufgenommen worden sind.

Zuerst der Kaisergeburtstag

Selbstverständlich feierten die deutschen Freimaurerbrüder, die sich trotz ihrer internationalen Offenheit als vaterländisch fest verwurzelte und verbundene Deutsche sahen, die treu zu ihrem Kaiser standen, am 21. März 1872 in freimaurerischer Form den „Geburtstag unseres erhabenen Protektors Kaiser Wilhelm."

Man kam dazu im Hotel „Zur Stadt Basel" zusammen, wo man sich ab diesem Zeitpunkt an jedem Freitagabend zur Zusammenkunft traf. So trafen sich z.B. am 19. April 1872 32 „altdeutsche" (also „reichsdeutsche") und vier „elsässische" (also „reichsländische") Brüder. Gerne wurden die benachbarten Logen in Freiburg, Lahr und Karlsruhe, besonders gern aber auch die Loge „Erwin" im benachbarten Kehl besucht.

1872: Das Nationalitätenproblem

Am 03. April 1872 war in Metz unter dem Vorsitz des (Regierungs- und Baurates) Br. Brandenburg eine deutsche Freimaurerloge gegründet worden. Dies war, nachdem mit der Loge „Les Frères Réunis" keine offiziellen Gespräche mehr in Gang kamen, für zwölf deutsche Brüder der Anlass, am 6. Mai 1872 zur Gründung einer deutschen Freimaurerloge in Straßburg aufzurufen. 21 Brüder erklärten ihren Beitritt. Hierdurch kam das bisherige Kränzchen, das sehr zurückhaltend gewesen war, zur Auflösung.

Am 21. Mai wurde ein neues Kränzchen im „Englischen Hof" gegründet. Diese richtete nochmals ein Schreiben an die Brüder der Loge „Les Frères Réunis": „Wir sind bereit, mit den (Brüdern der Lo-

ge)) „Les Frères Réunis" zusammen eine Loge zu bilden, falls dieselben folgenden Vorschlägen zustimmen:
1. Die Loge schließt sich an eine deutsche Großloge an, welche jedem gebildeten Manne von gutem Rufe ohne Unterschied der Konfession die Aufnahme in den Orden gestattet.
2. Auf Verlangen der F.R. werden die Arbeiten alternierend in deutscher und französischer Sprache abgehalten.

Wir empfinden vollkommen das Gewicht dieses Augenblickes, wo wir ihnen zur Begründung eines folgenreichen Werkes, zur Aussöhnung der beiden Nationalitäten, die Bruderhand bieten. Schlagen Sie ein, und der Segen des Allmächtigen Baumeisters aller Welten wird bei unserem Beginnen sein."[45]

Die Brüder der Loge „Les Frères Réunis" sollen nur kurz hierauf geantwortet haben, bei ihrem bisherigen Beschluss und dem Dach des „Grand Orient de France" bleiben zu wollen. Nicht lange danach löste die deutsche, kaiserliche Regierung alle Freimaurerlogen, welche unter dem Dach einer französischen Großloge in Elsass-Lothringen arbeiteten, auf.

Die Logen übergaben ihre Siegel und Archive dem „Grand Orient" in Paris, ihre Bibliotheken an angrenzende Logen im französischen Mutterland – und verkauften ihr Mobiliar. Es ist erfreulich, dass so viele dieser zwangsaufgelösten Logen später wieder in strahlendem Licht erstehen, und ihre großen Traditionen wieder zum Leben erwecken konnten.

Bei einer Zusammenkunft am 04. Juli 1872 wurde hierauf beschlossen, aus dem neu gegründeten Kränzchen eine Freimaurerloge zu gründen. Einig waren sich die Brüder darin, dass man als Großloge nur eine der beiden freisinnigsten, deutschen Großlogen wählen könnte. Es waren dies die (mehr norddeutsche) Großloge „Royal York zur Freundschaft" in Berlin oder die (mehr süddeutsche) Großloge „Zur Sonne" in Bayreuth. Am 18.Juli 1872 stimmten sechzehn Brüder für die Großloge „Zur Sonne", vierzehn Brüder für die Großloge „Royal York".

---

[45] Bartholdy (1904) S. 12.

1873: „Zum treuen Herzen"

Am 05. Januar 1873 fand die Einweihung der Loge „Zum treuen Herzen" in Straßburg statt. 39 Brüder gründeten die Loge, Der ehrwürdigste Großmeister Johann Caspar Bluntschli (Professor in Heidelberg) brachte das Licht in den Tempel ein, der übrigens in einem ehemaligen Betsaal der ausgewiesenen Jesuiten in der Judengasse seinen Platz fand. Den Namen „Zum treuen Herzen" hatte man in bewusster Anlehnung an die Loge „Au Coeur Fidèle" gewählt.

Diese 1820 gegründete Loge hatte sich 1841 mit den „Les Frères Réunis" vereinigt. Damit wollte man ein positives Signal an die elsässischen Brüder senden.

Dieses kam auch an: Die „Les Frères Réunis" schenkten der neuen Loge einige freimaurerische Utensilien, vor allem aber ihren Meisterstuhl. Allerdings schlossen sich auch elsässische Brüder der in Paris gegründeten Exilloge „Alsace-Lorraine" an, was ebenfalls nicht verschwiegen werden soll. Brüder zahlreicher Oriente waren bei der Lichteinbringung vertreten, u.a. Basel, Bernburg, Freiburg, Karlsruhe, Krefeld, Lahr, Metz und Stuttgart. Auch offiziell erhielt die Loge „Allerhöchste Anerkennung": „Noch während der Tafel kam von Seiner Majestät dem Kaiser ein Telegramm: Ich danke herzlichst den versammelten Brüdern der deutschen Logen für den festlichen Gruß vom heutigen Tage und grüße Sie d. d. u. h. Z."[46]

1876: Systemwechsel

Nur wenige Jahre nach der Gründung entschied sich die Bruderschaft für einen „Systemwechsel" von der Großloge „Zur Sonne" zur Großloge „Royal York". Die Großloge „Zur Sonne" war bereit, diesen einvernehmlichen Wechsel einzuleiten. Der Grund lag wohl allein darin, dass eine größere Zahl von Brüdern „das norddeutsche System" bevorzugte – weil man eben von dorther stammte.

---

[46] Bartholdy (1904) S. 16.

Am 05. Januar 1876 erfolgte der feierliche Wechsel, zu dem der Großmeister der Großloge „Royal York", der ehrwürdigste Br. Herrig, eigens nach Straßburg kam. Der Tempel befand sich damals in der „Schmiedstube" in der Langestraße 138.[47]

1879: Audienz beim „Allerhöchsten Protektor"

Im Jahre 1879, Meister vom Stuhl war zwischenzeitlich (Regierungs- und Baurat) Br:. Brandenburg, der frühere Meister vom Stuhl und Gründer der Loge „Zum Tempel des Friedens" in Metz geworden, besuchte Kaiser Wilhelm I. Straßburg. Bei „allerhöchstseiner Anwesenheit unseres allerdurchlauchtigsten Protektors" geruhte dieser, eine Deputation der Loge zu empfangen.

Neben dem Wunsch, eine eigene Provinzialgrossloge für Elsass-Lothringen zu errichten, klagte die Deputation auch über die räumlichen Verhältnisse (wörtliches Zitat): „Das schlimmste Hindernis gedeihlicher Entwicklung liege in der unwürdigen äußeren Gestaltung unseres Logenlokales, welches sich in einem Wirtshause befinde. Ohne Erbauung einer auch äußerlich würdigen Bauhütte werde es schwer halten, hier für die Freimaurerei Propaganda zu machen."[48]

Kaiser Wilhelm I., Protektor der deutschen Freimaurer, soll der Logendelegation wie folgt geantwortet haben:

„Ich stimme mit dem überein, was Sie mir früher schon gesagt und jetzt wiederholt haben, und wünsche, dass Sie bei den geäußerten Bestrebungen verharren. Ich billige es auch, dass Sie im Interesse der Versöhnung nach einer größeren Selbständigkeit in Form einer Provinzial-Großloge streben. Dass das Äußere dem Inneren entsprechen muss, ist selbstverständlich, und bin auch Ich der Ansicht, dass ein Wirtshaus für solche Versammlungen nicht geeignet ist. Streben Sie daher, ein würdiges lokal zu bekommen, und berichten Sie mir über den Fortschritt Ihrer Bestrebungen. Sie sind freilich in einer schwierigen Lage, aber verlieren Sie nicht den Mut; lassen Sie die da draußen

---

[47] Bartholdy (1904) S. 20/21.
[48] Bartholdy (1904) S. 26.

nur raissonieren, und halten Sie fest an Ihren Bestrebungen! Grüßen Sie die Brüder von mir."[49]

Die Brüder folgerten daraus: „Aus dieser Audienz ging dreierlei hervor:
1. Seine Majestät legte großen Wert darauf, dass ein brüderliches Zusammengehen mit den Eingeborenen erzielt werde.
2. Dass als Mittel dazu eine gewisse, den örtlichen Verhältnissen Rechnung tragende Selbständigkeit der reichsländischen Logen angestrebt werde, und
3. Dass die Straßburger Loge danach trachten müsse, ein würdiges Logenlokal zu bekommen."[50]

Die Loge „Zum treuen Herzen" nutze die Gelegenheit und richtete ein „Immediatgesuch an Seine Majestät", worin um ein Darlehen zur Erbauung eines Logenhauses gebeten wurde – und erhielt hierauf die Zusage, für den Fall der Notwendigkeit ein Darlehen bis zur Summe von 40.000 Mark aus dem „Königlichen Fideicommißfonds" (allerdings zu üblichen Zinsen) zu erhalten.

Das Projekt wurde jedoch wieder aufgegeben, nachdem sich im Jahre 1880 sowohl das Kränzchen in Schlettstatt, als auch die Loge „An Erwins Dom" aus der Gemeinschaft „Zum treuen Herzen" herauslösten, es also zu einem deutlichen Mitgliederschwund kam.

---

[49] Bartholdy (1904) S. 26.
[50] Bartholdy (1904) S. 26/27.

1881: Kränzchen „An Erwins Dom"

Das erste Schriftstück der Loge „An Erwins Dom"[51] stammt aus dem Jahre 1881. Es ist ein Rundschreiben der „Freien Vereinigung maurerisch isolierter Brüder" vom 24. Februar 1881. Wobei zu bemerken ist, dass einige der Brüder zuvor eben Mitglieder der Loge „Zum treuen Herzen" waren, es dort aber wohl Spannungen gegeben hatte und diese deshalb im Dezember 1880 aus ihrer Loge ausgetreten waren. Die Spannungen räumen beide Logen ein – über die genauen Details schweigen sich beide Logen aus.

Bereits am 17. Februar 1881 hatten die Brüder die Polizeidirektion von „unseren regelmäßigen Zusammenkünften unter Angabe des Zweckes derselben" unterrichtet sowie davon, dass man sich den Vereinsgesetzen und den entsprechenden, polizeilichen Bestimmungen unterwerfen wolle.

Man wolle nun offiziell ein maurerisches „Kränzchen" (die Vorstufe für eine Loge) bilden und sich einer noch zu bestimmenden Großloge unterstellen. Probleme mit dem königlich preußischen Edikt vom 20. Oktober 1798 (u.a. Sprengelrecht der Logen in Preußen) sehe man nicht. Man habe der Polizeibehörde die Zusammenkünfte angezeigt, welche stets im Café zur Meise, Saal im Hof, Eingang „Kleine Kirchgasse" stattfinden. Zudem habe man bisher weder die Rechte einer Loge in Anspruch genommen, noch Ansprüche auf die Anerkennung als maurerisches Kränzchen erhoben.

Am 28. Februar wurden „Gutscheine" zur Finanzierung der freimaurerischen Tätigkeit an die Brüder verkauft. Sie wurden später ausgelost und der Wert von fünf Mark ohne Verzinsung an die Brüder zurückerstattet.

---

[51] Hierzu und im Folgenden: „Antiker Schutt und Merksteine" (1892).

1881: Unter dem Protektorat der „Einigkeit" in Frankfurt

Nach Verhandlungen und Gesprächen erhielt das Kränzchen im Mai 1881 die Nachricht, dass die Loge „Zur Einigkeit" in Frankfurt am Main bereit war, das Protektorat über das Kränzchen zu übernehmen. Die bereits 1742 gegründete, traditionsreiche Loge – sie besteht noch heute – gehörte damals zur Großloge des Eklektischen Bundes, heute zur Großloge der „Alten freien und angenommenen Maurer von Deutschland". Im Tempel der Loge „Einigkeit" in Frankfurt fand dann auch die offizielle Installationsfeier des Kränzchens am 21. Mai 1881 statt.

Dem ersten Beamtenrat (Vorstand) des Kränzchens „An Erwins Dom" gehörten an: Gustav Wilhelm Epsig (Meister vom Stuhl), Caspar Wasmuth (zugeordneter Meister vom Stuhl), Christian Wagner (I. Aufseher), Julius Widemann (II. Aufseher, Schatzmeister Wilhelm Crémer, Schriftführer und Archivar Peter Krieger, Redner und Krankenbesucher Karl Braune, Zeremonienmeister Johann Schmid, Intendant der Loge August Rassmann, Intendant der Harmonie Karl Theodor Kluge und Regens Chori Theodor Klingler.

Das Kränzchen arbeitete eifrig und emsig. Zahlreiche Zusammenkünfte, auch Schwesternfeste und leider auch Abschiedsfeiern für abreisende Brüder, stärkten die Gemeinsamkeit des Bruderbundes. Letztendlich arbeitete man auf das Ziel hin, selbst den Status einer Loge zu erlangen.

1882: Loge „An Erwins Dom"

Am 26. Januar 1882 konnte die „Gerechte und vollkommene St. Johannis-Loge An Erwin's Dom im Orient Straßburg im Elsass" nicht ohne Stolz bekanntgeben:

„Die Ehrwürdigste Große Mutterloge des Eklektischen Freimaurerbundes, Groß-Orient Frankfurt am Main, hat am 23. D.M. beschlossen, das bisher unter dem Patronat der altehrwürdigen St. Johannis-Loge „Zur Einigkeit" im Orient Frankfurt am Main hier bestandene Freimaurerkränzchen „An Erwin's Dom" zu einer selbständigen Loge zu erheben, diese in die Reihe ihrer Tochterlogen aufzunehmen und die neue eklektische Bauhütte in Verleihung der Konstitutionsurkunde unter dem Namen „An Erwin's Dom" am Sonntag, den 12. Februar punkt 3 Uhr nachmittags feierlich zu installieren. Die Werkstätte der jüngsten, eklektischen Tochterloge ist hier, Schiffleutstaden Nr. 9, Eingang Ankergässchen. 1. Stiege (in südlicher Nähe des Münsters) bereitet."

Die Brüder sollten sich bereits um 2 Uhr pünktlich einfinden, um ¾ 2 Uhr sollte der Einzug in den Tempel erfolgen. Die Großloge war nicht nur durch den Großmeister vertreten – (fast) das gesamte Großbeamtenkollegium war komplett nach Straßburg gekommen: I. und II. Groß-Aufseher, Großredner, Großzeremonienmeister und Großsekretär gaben der neuen Loge die Ehre. Der etwa hundert Brüder fassende Tempel war bis auf den letzten Platz gefüllt, ein Teil der Brüder musste sogar mit Plätzen in der Vorhalle des Tempels vorlieb nehmen.[52]

Im Hinblick auf das Verhältnis zur Loge „Zum treuen Herzen" betonte Stuhlmeister (Kaiserlicher Ober-Post-Sekretär) Gustav Wilhelm Epsig: „Nicht eine Konkurrenzloge wollen wir Ihnen bereiten, wie ich im Laufe der Woche aus dem Munde eines Ihrer Brüder hörte! – Ein hässliches, profanes Wort! – Ja, meine lieben Brüder,

---

[52] Hierzu: „Entstehung und Einsetzung", S. 6.

einen Wettstreit wollen wir mit Ihnen beginnen, aber einen Wettstreit in maurerischen Tugenden, im Dienste der Humanität und der königlichen Kunst überhaupt. Neidlos, sogar mit aufrichtiger Freude werden wir unsere Nachbarloge „Zum treuen Herzen" wachsen, blühen und gedeihen sehen."[53]

Der Installationsfeierlichkeit im Tempel schloss sich eine rituelle Tafelloge im „Hotel zur Stadt Paris" (Meissengasse, nahe am Broglie) an, welche ebenfalls musikalisch herausragend gestaltet war. Bei der Tafelloge, zu welcher sich siebzig Brüder vereinten, dankte der „sehr ehrwürdige Meister vom Stuhl der Nachbarloge „Erwin" in Kehl, Schwarzmann, zugleich namens aller anwesenden, besuchenden Brüder" für die liebevolle Aufnahme.[54] Wohl nicht ahnend, dass gerade seine Loge so viele Mitglieder verlieren werde, dass sie 1885 zum Ruhen kam.

1882: Logenhaus „An Erwins Dom"

Die Räumlichkeiten der Loge „An Erwins Dom", untergebracht „ Schiffleutstaden Nr. 9, Eingang Ankergässchen, 1. Stiege (in südlicher Nähe des Münsters)" waren für das Jahr 1882 geradezu hochmodern ausgestattet.[55] Über dem im Hof befindlichen Zugang zu den Logenräumen befand sich eine beleuchtbare Laterne mit der sichtbaren Aufschrift „A.E.D.". Die Treppentür ließ sich nur durch „Maurerisches Schellen im I°" Grad hin öffnen, so dass Profanen der Zugang bereits verschlossen blieb.

Im Tempel selbst waren die Säulenlichter nicht nur aus Bronce gegossen und rund zwei Meter hoch, sondern sogar für Gasbeleuchtung eingerichtet. Gleiches galt für die Lichter an den Beamtenplätzen, welche ebenfalls dreiarmige Gasleuchter trugen. Die Gasleitungen waren verdeckt angebracht, so dass sie nicht sichtbar waren. Der Tempel war mit einer hinter einer kuppelähnlichen Hohlkehle verborgenen Ventilationsanlage ausgestattet.

---

[53] So in „Entstehung und Einsetzung", S. 42
[54] „Entstehung und Einsetzung", S. 43
[55] „Entstehung und Einsetzung", S. 50 ff.

Das Buffet war mit einem Speiseaufzug mit der darunterliegenden Restauration verbunden. Durch elektrisches Klingelzeichen konnten die „dienenden Brüder" darauf aufmerksam machen, dass sie mittels des eingebauten Sprachrohres Bestellungen abzugeben wünschen.

1884: Logenhaus „Zum treuen Herzen"

Am 13. März 1884 beschloss die Logenversammlung der Loge „Zum treuen Herzen" den Bau eines Logenhauses. Das erforderliche Kapital von 90.000 Mark sollte durch Schenkungen und mittels durch Hypotheken gesicherte Darlehen aufgebracht werden. Die Verzinsungen sollten durch Beitragserhöhungen, aber auch durch Vermietung und Verpachtung im neuen Hause aufgebracht werden. Aus eigenen Mitteln kamen 75.000 Mark zusammen, und 25.000 Mark schoss der ehrwürdigste Großmeister (gesichert durch zweitrangige Hypothek) vor.

Kaiser Wilhelm I. spendet 5.000 Mark

Und „5.000 Mark machte unser allerdurchlauchtigster Protektor, Seine Majestät der Kaiser uns zum Geschenk. Nicht die Größe diese Summe ist es, die uns so sehr erfreute, sondern der moralische Effekt, dass uns das Oberhaupt des Deutschen Reiches, die höchste Autorität im Land, hoheitsvoll … vor aller Welt bekanntgab: Auch Ich bin einer der vielgeschmähten Freimaurer, und ich will, dass Ihr Respekt habt vor meinen Brüdern!"[56] Kaiser Wilhelm I., Protektor der deutschen Freimaurer, regierte bis zu seinem Tode 1888. Für 99 Tage wurde sein Sohn, Kaiser Friedrich I., sein Nachfolger als Deutscher Kaiser und König von Preußen, aber auch als Protektor der Deutschen Freimaurerei. Vom Prinzen Wilhelm von Preußen, dem späteren Wilhelm II., Deutschen Kaiser und König von Preußen, war damals noch nicht einmal die Rede.

---

[56] Bartholdy, S. 36

Kaiser Wilhelm II. spendet nichts

Womit das bisher unbewiesen Gerücht, Kaiser Wilhelm II. habe das Logenhaus in der Moellerstraße (heute Avenue Joffre) bezahlt, vom Tisch sein dürfte, es sei denn, es tauchen neue Belege oder Beweise auf.

Es ist jedoch kaum vorstellbar, dass Wilhelm II. nach seinem Regierungsantritt der Loge noch einen Baukostenzuschuss gewährt hat. Nochmals: Kaiser Wilhelm II. kam erst 1888, nach dem Tode seines Großvaters Wilhelm I. und seines Vaters Friedrich I. (beide Protektoren der deutschen Freimaurerei) auf den preußischen Königs und den deutschen Kaiserthron. Wilhelm II. war alles andere als ein Freimaurerfreund.

Als er den Thron der Hohenzollern bestieg, brach er mit einer großen Tradition und übernahm nicht das Protektorat über die Altpreußischen Großlogen, sondern (vielleicht nicht stattdessen, aber er fühlte sich dabei wohl moderner) das Protektorat über den „Kaiserlichen Automobilclub".[57]

Schuld am ersten Weltkrieg war nach Ansicht Kaiser Wilhelms übrigens die internationale „Großorientloge".

Im Detail wertete dies der Kaiser so: „Die deutschen Großlogen aber hätten mit zwei Ausnahmen, in denen die nichtdeutsche Finanz herrscht und die im Geheimen mit dem „Großorient" in Paris in Verbindung stehen, mit dem Großorient keinen Zusammenhang. Sie seien (…) durchaus loyal und treu gewesen. Im Laufe des Jahres 1917 habe in Paris eine internationale Tagung der Logen des „Großorient" stattgefunden, der später noch eine Besprechung in der Schweiz gefolgt sei. Auf dieser Tagung sei nachstehendes Programm festgesetzt worden: Zerstückelung von Österreich-Ungarn, Demokratisierung Deutschlands, Beseitigung des Hauses Habsburg, Abdankung des Deutschen Kaisers, Rückgabe Elsass-Lothringens an Frankreich, Ver-

---

[57] Wilhelm II. : Ereignisse und Gestalten 1878-1918", Koehler, Berlin und Leipzig 1922, S.36.

einigung Galiziens mit Polen, Beseitigung des Papstes und der katholischen Kirche, wie überhaupt jeder Staatskirche."[58]

1886: Einweihung des Logenhauses

Am 3. Januar 1886 konnte die Loge „Zum treuen Herzen" endlich ihr neues Logenhaus in der Möllerstraße 11 einweihen (der heutigen rue Joffre 11, wo nunmehr die Brüder der Loge „Les Frères Réunis" des „Grand Orient de France" zusammen kommen). Das Haus hat sich bis heute in seiner Ansicht nicht wesentlich, in seiner Nutzung demnach gar nicht verändert. Der rituellen Feier schloss sich eine Festtafel an. Bald nach der Einweihung des Logenhauses stand dann bekanntlich der Kaiserbesuch durch Wilhelm I. an, welcher letztendlich zu einem Besuch des Kronprinzen Friedrich wurde.[59]

Die Loge „Zum treuen Herzen" wuchs beständig und sollte im Jahre 1904 rund 140 Brüder zählen: 80 ordentliche Mitglieder, 45 außerordentliche Mitglieder und 14 besuchende Brüder.[60] Die Kontakte zu den benachbarten Logen wurden eifrig gepflegt. Die Loge und ihre Brüder fühlten deutsch-vaterländisch, auch wenn sie insbesondere die Freimaurerlogen Straßburgs im Rahmen der „Oberrheinischen Stuhlmeistertag" für Frieden und Ausgleich eingesetzt hatten.

---

[58] Wilhelm II. : Ereignisse und Gestalten 1878-1918", a. a. O. , S. 219.
[59] Hierzu: Herden (2012).
[60] Bartholdy, S. 16.

Das Kaiserfest in Straßburg 1886

Das Jahr 1886 war für die Logenbrüder der deutschen Freimaurerlogen am Oberrhein ein ganz besonderer Tag: Im Hause der Loge „Zum treuen Herzen", welche gemeinsam mit der Loge „An Erwins Dom" Gastgeber der Feierlichkeiten war, erwartete man am Sonntag, den 12. September 1886 niemand Geringeren als Seine Majestät, Kaiser Wilhelm I., und seine Kaiserliche Hoheit, den Kron-

prinzen Friedrich Wilhelm, welcher im Jahr 1888 seinem Vater für neunundneunzig Tage auf dem Thron der Hohenzollern und dem Deutschen Kaiserthron folgen sollte.

Friedrich Wilhelm, Kronprinz des Deutschen Reiches und von Preußen, bestieg den Thron bekanntlich, gesundheitlich bereits schwer gezeichnet und dem Tode geweiht, unter dem Namen Kaiser Friedrich.

Beide Hohenzollern waren, gemäß alter und überlieferter Familientradition seit Friedrich dem Großen, der ja die Freimaurerei in Deutschland festigte und unterstützte, feste und treue Glieder der freimaurerischen Bruderkette. Ihr gemeinsamer Enkel und Sohn, Kaiser Wilhelm II. gehörte übrigens nicht zum Bruderbund hat sich auch mehrfach in seiner bekannten, etwas militärisch-schnodderigen Art negativ über die Freimaurerei geäußert. Vielleicht auch deshalb, weil er keinen Zugang zur königlichen Kunst fand oder finden wollte.

Bruder Kaiser Friedrich III.

Der spätere Kaiser Friedrich wurde von seinem Vater, dem damaligen Prinzen Wilhelm und späteren Kaiser Wilhelm I., im Jahre 1853 in einem eigens zu diesem Zweck als Johannistempel hergerichteten Saal des väterlichen Palais in den Freimaurerbund aufgenommen.

Er wurde Mitglied der „Großen Landesloge", zugleich aber auch Ehrenmitglied der beiden anderen, preußischen Großlogen: Der „Großen Loge von Preußen, genannt Royal York zur Freundschaft" und der „Großen National-Mutterloge zu den drei Weltkugeln". Bei seiner Aufnahme am 22. Mai 1840 war Prinz Wilhelm noch durch den Landes-Großmeister der Großen Landesloge, Graf Henckel von Donnersmarck, in Gegenwart der beiden anderen Großmeister für alle drei preußischen Lehrarten in die Johannisgarde aufgenommen worden.

Zugleich übernahm er das Protektorat über sie. Sein Sohn sollte später nicht nur sein Stellvertreter, sondern danach auch sein Nachfolger als Protektor werden.

Einladungen und Festteilnehmer

Bereits Anfang September 1886 war an sämtliche Freimaurerlogen des Reichslandes Elsass-Lothringen, sowie alle benachbarten Logen südwärts der Mainlinie bis nach Luxemburg und in die befreundete Schweiz die Einladung zu diesem besonderen Fest ergangen. Überaus groß war deshalb auch die Anzahl der Logenbrüder, welche bereits am Vorabend, einem Samstagabend, nach Straßburg gekommen waren. Die große Zahl von Besuchern machte es erforderlich, aus ihren Reihen eine Kommission zu wählen, welche am kommenden Tage den Majestäten persönlich vorgestellt werden sollte.

Die Wahl erfolgte unter Leitung des Stuhlmeisters der gastgebenden Loge „Zum treuen Herzen", Paul Bartholdy, von Beruf übrigens „Realschuldirektor a.D. und Oberlehrer am Kaiserlichen Lyzeum".

Gewählt wurden Logenvertreter aus folgenden Orienten:

Basel: Basel ist seit dem Jahre 1808 die Heimat der traditionsreichen Loge „Freundschaft und Beständigkeit", welche zur Schweizerischen Großloge Alpina gehört. Mit dieser Loge, welche dank ihrer Lage in der Schweiz von den Unbilden der Freimaurerverfolgungen, vor allem auch unter der nationalsozialistischen Gewaltherrschaft, verschont geblieben ist, verbindet fast alle oberrheinischen Logen ein ehrfurchtsvolles und dankbares, festes Band der Freundschaft.

Bingen am Rhein ist seit 1837 die Heimat der Loge „Zum Tempel der Freundschaft". Kurz vor ihrem 100-jährigen Stiftungsfest im Jahr 1935 der nationalsozialistischen Gewaltherrschaft zum Opfer gefallen, konnte sich die Loge 1949 wieder reaktivieren.[61]

Frankenthal in der Pfalz ist die Heimat der Loge „Zur Freimütigkeit am Rhein". Gegründet im Jahre 1808 mit einem Patent des „Grand Orient de France", gehörte sie seit dem 1817 zur Jurisdiktion der Großloge „Zur Sonne" in Bayreuth. Die Loge wurde 1933 durch

---

[61] Francke/Geppert, S. 76 Nr. 577, AfuaM 418

die nationalsozialistische Gewaltherrschaft zerschlagen, jedoch 1950 reaktiviert und besteht bis heute.[62]

Freiburg im Breisgau: Die Loge „Humanitas zur freien Burg", sie wurde bereits erwähnt, besteht seit dem Jahre 1784, in welchem sie unter dem Namen „Zur Edlen Aussicht" von der „Großloge von Österreich" ein Patent erhielt. Der Breisgau gehörte damals noch zur Vorderösterreich und kam erst, nach einem kurzen Zwischenspiel unter der Herrschaft des Großherzogtums Modena-Este ab 1801, durch eine Verfügung Napoleons I. 1805 an Baden.

Die Loge „Humanitas zur freien Burg", wurde 1935 ebenfalls Opfer der nationalsozialistischen Gewaltherrschaft, konnte aber bereits 1945, dank der Hilfe französischer Brüder, ihre freimaurerische Tätigkeit wieder aufnehmen.[63] Allein die reiche und vielfältige Geschichte der Freimaurerei in Freiburg würde ein eigenes Buch füllen.

Heidelberg ist ebenfalls eine der traditionsreichsten Heimstätten der Freimaurerei in Baden. Zu ihren bekanntesten Vertretern gehören Persönlichkeiten wie Johann Caspar Bluntschli, Jurist, Universitätsprofessor, Politiker und Synodalpräsident, sowie Carl Metz, mit einer der Väter der deutschen Feuerwehren. In Heidelberg bestand von 1784 bis 1806 die Loge „Carl zum Reichsapfel", von 1806 bis 1813 die Loge „Carl zur guten Hoffnung", von 1809 bis 1813 die Loge „Carl zur deutschen Biederkeit". Von 1801 bis 1813 die Loge „Carl zur geprüften Treue". Danach ruhte die Freimaurerei in ganz Baden. „Ruprecht zu den fünf Rosen", die bedeutendste der heute noch existierenden Heidelberger Logen, wurde 1856 gegründet.

Hof an der Saale beherbergte von 1804 bis 1815 die Loge „Zur goldenen Waage". Bereits 1799 aber war die Loge „Zum Morgenstern" gegründet worden, welche, unterbrochen durch die Zeit der nationalsozialistischen Gewaltherrschaft 1933 bis 1946 ruhen musste, sonst aber bis heute fortbesteht.[64]

---

[62] Francke/Geppert, S. 106, Nr. 421, AfuaM 225
[63] Francke/Geppert, S. 109, Nr. 284, AfuaM 142
[64] Francke/Geppert, S. 139, Nr. 357/383, AfuaM 193

Karlsruhe war seit 1785 Heimstatt einer Freimaurerloge. Gegründet als „Carl zur Einigkeit", ruhend ab 1813, wurde die Loge im Jahr 1847 unter dem Namen „Leopold zur Treue" reaktiviert. Sie ruhte, wie alle Freimaurerlogen, während der Zeit der NS-Gewaltherrschaft.

Kehl beherbergte ab dem Jahr 1871 die freimaurerische Vereinigung „Erwin", ein Kränzchen der Lahrer Loge „Allvater zum freien Gedanken". Die Vereinigung erhielt 1873 ein Patent als Loge der „Großloge zur Sonne" in Bayreuth, ruhte aber seit 1885 wieder.

Das Kehler Kränzchen wurde 1923 von der Lahrer Loge aus wieder belebt, fiel jedoch ebenfalls der nationalsozialistischen Gewaltherrschaft, wie seine Mutterloge, zum Opfer. Das Kränzchen wurde nach der Befreiung nicht wieder reaktiviert. In Kehl fand zwischenzeitlich die 1958 gegründete Loge „Eifel" ihre Heimat. Sie gehört zur American Canadian Grand Lodge of Freemasons in Germany in den Vereinigten Großlogen von Deutschland.

Kolmar hatte mit der Loge „La Concorde" bereits im Jahr 1769 unter der Jurisdiktion des „Grand Orient de France" eine Freimaurerloge beherbergt, welche jedoch 1815 die Pforten schloss. 1827 erstrahlte das maurerische Licht in der Loge „La Fidelité" neu, erlosch aber bereits im Jahre 1872 wieder, sicherlich nicht ohne Verschulden der nunmehr wieder deutschen Behörden. 1886 wurde die Loge „Zur Treue" (man beachte die lediglich sprachlich unterschiedliche Gleichnamigkeit) unter der Jurisdiktion der Großen Loge von Preußen, genannt „Royal York zur Freundschaft", gegründet. Die Loge trat im Jahr 1919 in den Verband des „Grand Orient de France" über.[65]

Bad Kreuznach beherbergte von 1809 bis 1814 die unter dem „Grand Orient de France" arbeitende Loge „Zu den Vereinigten Freunden der Nahe und des Rheins". 1858 gründete sich die Loge unter dem Namen „Die Vereinigten Freunde an der Nahe" unter der „Großen National-Mutterloge zu den drei Weltkugeln" wieder.

---

[65] Francke/Geppert, S. 88, Nr.121/561/755

Lahr hat seit dem Jahr 1868 die Loge „Allvater zum freien Gedanken"[66] in ihren Mauern. Sie pflegte traditionell gute Kontakte nicht nur zu den badischen Nachbarlogen. Neben dem Kränzchen „Erwin" in Kehl ist aus dieser Loge auch das Kränzchen „Offene Burg zur Erkenntnis"[67] hervorgegangen, das in den Jahren 1877 bis 1887 als Loge unter der Jurisdiktion der „Großloge zur Sonne" in Bayreuth bestand, danach ruhte, und später noch mehrfach reaktiviert werden sollte.

Das Lahrer Logenhaus beherbergt heute auch die Loge „Black Forest", welche 1968 unter der Jurisdiktion der „American Canadian Grand Lodge of Freemasons in Germany" gegründet wurde. Das Logenhaus am Urteilsplatz, welches der Loge seit dem Jahr 1914 gehört, ist heute ferner die Heimat der französischsprachigen Loge „Les Douze Etoiles".

Luxemburg verfügt über traditionsreiche Freimaurerlogen unter einer unabhängigen Großloge von Luxemburg. In Luxemburg arbeitete in der Zeit ab 1821 aber auch die Feldloge „Blücher von Wahlstadt", welche sich erst 1867 in eine stehende Loge in Berlin-Charlottenburg umwandelte und bis heute existent ist.[68]

Mannheim: Die älteste, noch heute aktive Loge Badens ist die Loge „Carl zur Einigkeit" in Mannheim, welche am 28. November 1778 gegründet worden ist und der Großloge „Royal York zur Freundschaft" in Berlin angehörte. Mannheim gehörte damals zur bayerischen Pfalz, so dass die Loge nach dem Logenverbot in Bayern 1785 ihre freimaurerische Tätigkeit einstellen musste. Es war dies aber nicht das erste, landesherrliche Verbot, das die Freimaurerei in Mannheim traf: Bereits aus dem Oktober des Jahres 1737 stammt ein landesherrliches Dekret, das die Freimaurerei in der Kurpfalz untersagte.

Unterstellt man, dass dieses Reskript einen Grund gehabt haben muss – nämlich vermutlich eine Loge unter französischer Juris-

---

[66] Francke/Geppert, S. 157 Nr. 679, AfuaM 421
[67] Francke/Geppert, S. 190, Nr. 711, AfuaM 444
[68] Francke/Geppert, S. 254, Nr. 542, GNML3W 296

diktion in Mannheim – dann wäre zwar die Hamburger Loge „Absalom zu den drei Nesseln" mit ihrem Gründungsjahr 1737 die älteste, noch heute bestehende Freimaurerloge in Deutschland. Nachdem die Loge „Absalom zu den drei Nesseln" aber erst im Dezember 1737 mit der Lichteinbringung eröffnet wurde, könnte man durchaus unterstellen, die erste Freimaurerloge Deutschlands habe vor dem kurfürstlichen Reskript in Mannheim in der Kurpfalz, und damit heute in Baden, bestanden.

Mannheim fiel im Jahre 1803 an Baden, daher konnte die Loge im Jahre 1805 wieder eröffnet werden. 1806 wurde der Namen in „Carl zur Eintracht" geändert, eine deutliche Reminiszenz an das neue Herrscherhaus der Zähringer, hieß der Regent doch Karl Friedrich, und der als präsumtiver Nachfolger zu erwartende Erbprinz Karl (nachdem dessen Vater Karl Ludwig bereits im Dezember 1801 im schwedischen Arboga einem Unfall zum Opfer gefallen war).

Metz verfügte schon früh über zahlreiche freimaurerische Vereinigungen. Die älteste, die Loge „La Candeuer" war im Jahr 1763 entstanden. Zu erwähnen ist dabei, dass die Loge „Les Amis de la Verité", gegründet 1829, am 17. Juni 1871 ihre Pforten schloss, wohl aus Ursache der deutschen Inbesitznahme Elsass-Lothringens. Im März 1872 wurde die Loge „Zum Tempel des Friedens" in Metz unter der Jurisdiktion der Großen Loge von Preußen, genannt „Royal York zur Freundschaft", gegründet. Diese Loge wurde 1919 nach Heidelberg verlegt, und endgültig im Jahr 1935 durch den Druck der nationalsozialistischen Gewaltherrschaft aufgelöst.[69]

Mülhausen im Elsass war die Heimat der Loge „Zur Säule an den Vogesen", welche im Jahre 1877 unter der Jurisdiktion der Großen Loge von Preußen, genannt „Royal York zur Freundschaft" ins Leben gerufen worden war. Diese Loge schied übrigens 1919 geschlossen aus dem deutschen Großlogenverband aus und fand eine neue Heimat (auch unter neuem Namen) unter dem Dach des „Grand

---

[69] Francke/Geppert, S. 176, Nr. 564/688

Orient de France".[70] Seit 1809 besteht in Mulhouse die Loge „La parfaite Harmonie" unter der Jurisdiktion des „Grand Orient de France".

Neuwied war bereits im Jahr 1753 die Heimat der Loge „Caroline zu den drei Pfauen", welche aber bereits nach einem Jahr zum Ruhen kam, jedoch 1763 mit einem Patent der „Großloge von England" wieder reaktiviert worden war. Diese Loge schloss 1787 ihre Pforten für immer. Die Loge „Zur Wahrheit und Treue" wurde 1883 unter der Jurisdiktion der Großen Loge von Preußen, genannt „Royal York zur Freundschaft", gegründet. Durch die nationalsozialistische Gewaltherrschaft zerschlagen, wurde die Loge 1948 wieder reaktiviert.[71]

Offenburg war mehrfach Sitz eines freimaurerischen Kränzchens, zumindest in den Jahren 1877 bis 1887 auch einer Loge unter der Jurisdiktion der „Großloge zur Sonne" in Bayreuth, wohl auch ab 1901 bis zum unbekannten Ende vor dem I. Weltkrieg einer gleichnamigen Loge unter der Jurisdiktion der „Großloge Royal York zur Freundschaft".

Säckingen. Die Loge „Zu den drei Säulen im Westen" in Bad Säckingen bestand nur drei Jahre, und zwar von 1930 bis zur Zwangsauflösung unter der nationalsozialistischen Gewaltherrschaft 1933. Ihre Großlogenzugehörigkeit lässt sich nicht mehr feststellen.[72]

Schlettstadt im Elsass beheimatete in den Jahren 1878 bis 1887 die Loge „Zur elsässischen Bruderkette", welche zur Großen Loge von Preußen, genannt „Royal York zur Freundschaft", gehörte und sich selbst wieder auflöste.[73]

Stuttgart beherbergt seit dem Jahre 1774 die Loge „Zu den drei Cedern" und seit 1835 die Loge „Furchtlos und Treu", welche aus den Logen „Wilhelm zur aufgehenden Sonne" und „Furchtlos und Treu" hervorgegangen ist.[74]

---

[70] Francke/Geppert, S. 178, Nr. 710
[71] Francke/Geppert, S. 186, Nr. 056/742, AfuaM 469
[72] Francke/Geppert, S. 61, Nr. 1108 / 766
[73] Francke/Geppert, S. 207, Nr. 720
[74] Francke/Geppert, S. 219, Nr. 164/572, AfuaM 323 und 328

Worms: In Worms bestand bereits in den Jahren 1781/1782 die Loge „Johannes zur brüderlichen Liebe". Im Jahre 1808 wurde die Loge „Zum wiedererbauten Tempel der Bruderliebe" gegründet, unter der Jurisdiktion des „Grand Orient de France". Die Loge erhielt 1816 einen Schutzbrief des Großherzogs Ludwig I. von Darmstadt. Die Loge wurde Opfer der nationalsozialistischen Gewaltherrschaft 1933, jedoch 1949 wieder reaktiviert. [75]

Würzburg: In Würzburg besteht seit dem Oktober 1871 unter der Jurisdiktion der Großloge „Zur Sonne" in Bayreuth die Loge „Zu den zwei Säulen an der festen Burg". Durch die nationalsozialistische Gewaltherrschaft im April 1933 zerschlagen, entstand diese Loge neu im April 1947 und trat später unter die Jurisdiktion der Großloge der Alten Freien und Angenommenen Maurer von Deutschland in den Vereinigten Großlogen von Deutschland).[76]

Zürich: Heute ist die Loge „Modestia cum Libertate" die zweitälteste und die größte Loge der Schweiz. Schon im Jahre 1740 entstand in Zürich unter dem Namen "La Concorde" die erste Loge. Sie hatte nur wenige Jahre Bestand. 1762 errichtete das zürcherische Standesregiment zu Thionville eine Feldloge mit dem Namen "Zur schweizerischen Freiheit". In die Heimat zurückgekehrte Offiziere und in ausländischen Logen aufgenommene Zürcher gründeten 1771 in Zürich die Loge "La Discrétion". Unter ihrem tatkräftigen Stuhlmeister Diethelm Lavater (1773-1826), Arzt, Regierungsmitglied und Bruder des berühmten Johann Caspar Lavater, übernahm die Loge das System der Strikten Observanz und nannte sich nun "Gerechte und vollkommene Loge zur 'Bescheidenheit und Freiheit'" (Modestia cum Libertate).[77]

Warum aber waren unter der Empfangsdelegation so viele Gäste aus Orten, welche gerade nicht zur „Oberrheinschiene" gehören? Die Ursache ist einfacher Art: Es bestanden meist enge, persönliche Verbindungen zu den Logen am Oberrhein und ihren Brüdern.

---

[75] Francke/Geppert, S. 231, Nr. 264/438, AfuaM 222
[76] Francke/Geppert, S. 232, Nr. Nr. 686 AfuaM 426
[77] Entnommen der Internetseite der Loge „Modestia cum Libertate"

Die Loge, in welcher man aufgenommen wurde, verlässt man traditionell nicht ohne zwingenden Grund. So gab es oft Doppelmitgliedschaften, aber auch über Jahrzehnte gepflegte, zuverlässige und enge, persönliche Bindungen. Dies erklärt, warum ein Teil der Gäste „so weitgereist" war. Im elsässischen Diedenhofen hatte übrigens bereits im Jahr 1775 eine Loge bestanden, die sowohl einen deutschen, als auch einen französischen Logennamen führte: „Zur doppelten Vereinigung – La double Union". Diese Loge schloss wohl nach dem Jahr 1816 ihre Pforten. [78]

Nicht vergessen werden darf ferner die enge Verbundenheit Straßburgs mit den Städten der Schweiz bereits seit dem frühen Mittelalter. Erinnert sei hier an die Fahrt mit dem Hirsetopf, aber auch die großzügige Hilfe, welche die Schweiz der Zivilbevölkerung Straßburgs und den Opfern des deutsch-französischen Krieges 1870/71 zu teil werden ließ.

Doch zurück zum Kaiserfest. Zur eigentlichen Feier am Sonntag, 12. September 1886, hatten sich über 300 Brüder in den Räumen des Logenhauses versammelt. Kaiser Wilhelm I. konnte aus gesundheitlichen Gründen keine Deputation seiner Logenbrüder empfangen, so dass er diese Ehre seinem Sohn Friedrich, dem Kronprinzen des deutschen Reiches und von Preußen, überließ.

Kronprinz und Protektor-Stellvertreter

Kronprinz Friedrich wurde am Tor des Hauses von den Vertretern der Straßburger Logen empfangen. Nach Eintrag in das Anwesenheitsbuch und Vorbereitung auf die anstehende, freimaurerische Feier, wurde er feierlich in den Tempelraum begleitet, wo man ihm als Protektor die Leitung der Zusammenkunft anbot. Dies entspricht freimaurerischer Tradition. Genauso der Tradition entsprechend, übertrug er die Leitung der Zusammenkunft auf den Stuhlmeister der Loge „Zum treuen Herzen".

Nach der Eröffnung der Logenarbeit wurde ein gereimter Festvortrag rezitiert, der nicht nur den Münsterbaumeister Erwin von

---

[78] Francke/Geppert, S. 94, Nr. 189

Steinbach mit höheren Worten pries, sondern auch im Geist der Zeit die herrschenden Hohenzollern, und mit den Worten schloss „schwört, Brüder, drum, wies auch das Schicksal meint, getreu zu sein dem Thron mit teuren Eiden!".

Die Brüder antworteten auf diese Würdigung mit einem einhelligen „Amen". Nach einem Liedvortrag ergriff Kronprinz Friedrich das Wort, und dankte den anwesenden Brüdern nicht nur für den herzlichen Empfang, sondern sprach auch die denkwürdigen Worte:

„Zwei Grundsätze bezeichnen vor allem unser Streben: Gewissensfreiheit und Duldung. An ihnen lassen sie uns festhalten mit ganzer Kraft. Dass dieselben bei uns immer vollkommener werden, dazu lassen Sie uns allezeit mithelfen. Nicht nur loben wollen wir diese Tugenden, sondern sei auch fleißig üben. Wenn wir also wirken, wird es wohl mit uns, mit der Freimaurerei, stehen. Dazu helfe uns der Große Baumeister aller Welten".

Danach wurde die Tempelarbeit, welche etwas über eine Stunde gedauert hatte, geschlossen. In der nachfolgenden halben Stunde hielt der Kaisersohn Audienz für die ausgewählte Delegation, mit welcher er sich leutselig unterhalten haben soll. Unter Hurrarufen der draußen vor dem Tore harrenden Bevölkerung wurde Kronprinz Friedrich danach aus dem Logenhause verabschiedet, während sich die Brüder einträchtig zur Tafelloge begeben haben sollen.

Wegen des engen Zeitrahmens mussten bei der Zusammenkunft folgende Punkte einfach entfallen:

Die Zeichnung genannte Festrede, genauso wie das Schlußgebet des Stuhlmeisters. Sie wurden aber als Druck der Nachwelt erhalten. Genauso wie ein eigens zum Festanlass gedichtetes Chorlied, zu singen auf die Melodie der damaligen Nationalhymne „Heil der im Siegerkranz, Herrscher des Vaterlands, Heil Kaiser dir".

Oder heute bekannter, der britischen Hymne „God save the Queen":

„Heil mit dem Palmenzweig,
Herrscher im Deutschen Reich,
Friedefürst Dir!
Um Deinen Lorbeerkranz,
Strahlt der noch schönere Glanz,
der Menschheit Freund zu sein:
Heil, Kaiser, Dir!
Schirmherr der Masonei,
Feind aller Heuchelei,
Wir folgen Dir!
Wir schören Dir aufs Neu,
Bruder und Mannentreu,
Freiheit und Duldung sei,
unser Panier!"

Unter den Gästen sollen auch Brüder der früheren, französischen Loge „Les Fréres Réunis" gewesen sein. Wie der Festgesang auf sie gewirkt hat, muss offen bleiben.

Das Ende der (deutschen) Logen von Straßburg

Mit dem Zeitpunkt, als das Elsass wieder französisch wurde, musste nicht nur die nach 1870 eigenwanderten Deutschen das Land verlassen, sondern es wurden auch die deutschen Freimaurerlogen geschlossen.

Die jüngste Loge „Zur Bruderliebe im Wasgau", gegründet 1913 unter der „Großen Landesloge von Deutschland" musste im November 1919 ihre Arbeit auf Anordnung der französischen Behörden einstellen.

Die Loge „Zum treuen Herzen" wurde als Straßburger Loge ins Exil nach Karlsruhe verlegt. Sie erlosch durch die Verfolgungen des Nazis am 16. Juli 1935.

Die Loge „An Erwins Dom" wurde als Straßburger Loge ins Exil zuerst (1919) nach Frankfurt, dann (1921) nach Hanau verlegt.

Ruhend ab dem 20. März 1933, wurde sie 1950 als Vereinigung wieder belebt. Sie soll 1968 erloschen sein.[79]

Durch Dekret vom 23. Februar 2002 erklärten die „Vereinigten Großlogen von Deutschland", nach Zustimmung des Großmeisters der Großloge AFAM, Bruder Klaus Horneffer, die Loge mit Wirkung vom gleichen Tage für ruhend. „An Erwins Dom" trug die Matrikel-Nummer 981. „An Erwins Dom" war nicht mehr in der Lage, ihren Arbeiten nachzugehen.[80]

---

[79] Francke/Geppert, S. 218.
[80] Auskunft des Verwaltungsreferates der Großkanzlei der Großloge AFAM vom 15. August 2013 an den Verfasser.

Christian Wilhelm Siefert aus Lahr

Geboren am 24. Januar 1834 in Lahr, verstarb der Lahrer Kaufmann Christian Wilhelm Siefert am 21. August 1877 während einer Kur in Bad Kissingen an den Folgen eines Schlaganfalles. Christian Wilhelm Sieferts letzte Ruhestätte befindet sich auf dem „Alten Friedhof" bei der Stiftskirche – und legt allein schon durch ihr herausragendes Grabdenkmal Zeugnis über sein Leben ab.

Als der Zug mit dem Sarg Christian Wilhelm Sieferts um Mitternacht am Bahnhof Dinglingen eintraf, stand für den Weitertransport nach Lahr keine Lokomotive zur Verfügung. Die Werkmeister des von ihm geführten Unternehmens ließen es sich nicht nehmen, ihrem Chef einen letzten Dienst zu erweisen – und schoben den Wagen mit dem Sarg bis zum Bahnhof Lahr-Stadt.

Wer nun an den zwischenzeitlich verschwundenen, dem Autobahnzubringer gewichenen, sogenannten „Alten Bahnhof" in Lahr, vor dem sich der „Löwe", das Denkmal des 8. Badischen Infanterieregiments 169 (des „Eisernen Regiments") befand denkt, irrt sich. Damals befand sich der („ganz alte") Lahrer Bahnhof zwar auch schon am späteren Friedrich-Ebert Platz, doch an der Lotzbeckstraße. Der (neuere) alte Bahnhof, der dem Autobahnzubringer weichen musste, wurde erst 1912 in Betrieb genommen.

Christian Wilhelm Siefert war überzeugter Freimaurer. Er wurde in Marseille in der Freimaurerloge „St. Jean d'Ecosse" in den Bruderbund aufgenommen, war später Ehrenmitglied der Freimaurerlogen „Zur Edlen Aussicht" in Freiburg und „Constantia zur Zuversicht" in Konstanz.

Im Mitgliedermatrikel der 1868 in Lahr gegründeten und bis heute noch bestehenden Freimaurerloge „Allvater zum freien Gedanken" trägt er die Nummer 1 – er war von der Gründung der Loge bis zu seinem Tode der „Meister vom Stuhl", der „Chairman", also der Vorsitzende der Bruderschaft. Auch der Kurort Bad Kissingen war wohl nicht zufällig gewählt: Wenn auch die dortige Loge „Zur Freundschaft an der Saale" erst 1904 gegründet wurde, so gab es dort doch bereits seit vielen Jahren sogenannte, offiziell anerkannte „Ferienkränzchen" angereister Freimaurerbrüder.

Mit vierzehn Jahren trat Christan Wilhelm Siefert bei Daniel Voelker in die Lehre und ans Kaufmannspult. Nach Beendigung seiner Lehrzeit war er von 1842-1844 an dessen Filiale in Benfeld tätig. Daniel Voelker hatte dort eine Zuckerfabrik gekauft, welche er in eine Zichorien Fabrik umbauen ließ. In den Jahren 1845/46 war er in Lyon und Marseille für seinen Patron tätig. Daniel Voelker rief ihn 1847 zurück und übertrug ihm die Leitung des Werkes in Benfeld. In Benfeld heiratete Christian Wilhelm Siefert im Jahre 1856:

Daniel und Karl Voelcker, die Besitzer der Zichorien-Fabriken, waren im Jahre 1860 überraschend gestorben. Christian Wilhelm Siefert wurde Direktor des Werkes, und nach dem Ende des 1870/71-er Krieges nahm ihn die Witwe Voelcker als Teilhaber auf. Siefert wirkte nicht nur dort unermüdlich und erfolgreich.

Er war Mitglied im Bürgerausschuss und im Gemeinderat, verwaltete zeitweise das Bürgermeisteramt, war Mitglied im Verwaltungsrat der Sparkasse, der Gewerbebank (Volksbank), der Lahrer Eisenbahngesellschaft (später MEG, heute SWEG). Auch im Vorstand der hochangesehenen Casino-Gesellschaft wirkte Siefert, und er war Mitvollstrecker des Testaments von C.W. Jamm, des Stifters des Lahrer Stadtparkes. In den Jahren 1873 bis 1877 war Christian Wilhelm Siefert Präsident der Handelskammer der Handelsgenossenschaft, also des Rechtsvorgängers der heutigen Industrie- und Handelskammer. In

Die Trauerfeier für Christian Wilhelm Siefert wurde zu einer würdigen Gedenkkundgebung für den Unternehmer und Kommunalpolitiker, der aus freimaurerischer Denkweise soziales Handeln zu seinem Lebenswerk gemacht hatte. Vom Lahrer Bahnhof an der Lotzbeckstraße aus setzte sich um 9.00 Uhr morgens der Trauerzug in Richtung des alten Friedhofes bei der Stiftskirche in Bewegung. Neben Abordnungen der Feuerwehr und der Stadtkapelle waren „die ganze Bürger- und Einwohnerschaft, sowie Hunderte von auswärtigen Freuden zusammen gekommen", so die „Lahrer Zeitung", um dem

Verstorbenen die letzte Ehre zu erweisen. Der „Liederkranz" sang am offenen Grabe.

Rechtsanwalt Fehrenbach (Freiburg), Altstuhlmeister der Loge „Zur Edlen Aussicht" ergriff am offenen Grab für Brüder und Freunde des Verstorbenen das Wort:

„Mitten aus der frischpulsierenden, unermüdlichen Tätigkeit wurde mit erschreckender Eile unser geliebter Bruder Christian Siefert in den ewigen Osten heimberufen. Die Todessense ging an so mancher, der allgemeinen Wohlfahrt verderblichen Giftpflanze schonend vorüber, um diesen segensreichen Lebensbaum in seiner Vollkraft erbarmungslos niederzumähen. Sollen wir dem Geschicke darum grollen? Nimmermehr! Das darf der Freimaurer nicht. Das vor uns aufgeschlagene wundersame Buch der Schöpfung verkündet uns auf jedem Blatte die Größe, Güte und macht der Allgewalt, welche uns den so liebwerten, allgeachteten und allverehrten Freund entrissen hat. ... Wir treten Dein heiliges Erbe an; in Deine Fußstapfen wollen wir Deinem leuchtenden Vorbilde freimaurerischer Werktätigkeit nachstreben."

Den kirchlichen Segen erteilte Pfarrer Wilhelm Kaeser. Der evangelische Geistliche amtierte von 1867-1877 in Sulz, danach bis zu seinem Tode 1887 in Kippenheim. Pfarrer Kaeser weilte zur gleichen Zeit, wie die Familie Siefert in Bad Kissingen und gewährte auch dort geistlichen Beistand.

Der Seelsorger, der selbst nicht dem Bruderbund der Freimaurer angehörte, muss dem Verstorbenen und seiner Familie jedoch sehr nahe gestanden haben: „Der Friede Gottes umwehe diese Gruft, die Ruhestätte eines edlen Pilgers, der im Frieden durch diese Welt und aus dieser Welt gegangen ist; (...) der Friede Gottes ruhe als sein schönstes Vermächtnis auf dem Hause, in welchem er als ein Diener des Friedens gewaltet."

Und der Schwarzwalddichter Ludwig Auerbach widmete seinem Freimaurer-Bruder zur Beisetzung eigens ein Gedicht, das mit den Worten endet:

Die Manneszähre zeugt: Dein Geisteserbe,
das nimmermehr der Tod versehren kann,
es lebt in uns, dass es auch fürder werbe,
Um Lieb und Licht, wie Du, Du seltener Mann!

Übrigens war der Lahrer Mundartdichter Alfred Siefert (1861 bis 1916) ein Sohn des Handelsmannes Christian Wilhelm Siefert. Der Poet, der sich auch bei der freiwilligen Feuerwehr Lahr engagierte, war finanziell nicht auf Rosen gebettet.

Doch hatte er sicherlich das Herz auf dem rechten Fleck, und machte sich als amtlich bestellter Denkmalpfleger zu seiner Zeit stark für die Restaurierung der Burgruine Hohengeroldseck. Der Vater der „Grüselhornklänge" hätte sicher seine reine Freude daran, wenn er erfahren würde, was bis heute in seinem Sinne von ebenfalls engagierten Mitbürgern getan werden konnte.

Wilhelm Schubert und Ferdinand Thiergarten

Mitten während des Deutschen Krieges 1866 (früher: Preußisch-Deutscher Krieg genannt) hatten die Logenbrüder aus Lahr, Gengenbach, Zell am Harmersbach, Kehl, Offenburg und Kippenheim, welche mehrheitlich der Freimaurerloge „Zur Edlen Aussicht" in Freiburg im Breisgau angehörten, beschlossen, in Offenburg ein freimaurerisches Kränzchen „Zur offenen Burg" zu gründen. Das Kränzchen wollte sich unter den Schutz der Freiburger Brüder stellen, die „Edle Aussicht" nahm die Funktion der „Mutterloge" gerne an.

Die Einsetzung des Kränzchens fand am 29. Juli 1866 durch die Ritualbeamten der „Edlen Aussicht" statt, Vorsitzender wurde der Lahrer Fabrikant Christian Siefert, Schriftführer Max Scheid, Apotheker in Kippenheim. Bei der Einweihungs-Festarbeit sprach als Redner Gustav Reé zum Thema „Es ist nicht gut, dass der Mensch alleine sei".

Gustav Reé bekleidete damals das Amt des „Deputierten Meisters" der „Edlen Aussicht" in Freiburg. Sein Stiefbruder Alexander Adam sollte später bei der Weihe der Lahrer Loge „Allvater zum freien Gedanken" am 18. Oktober 1868 die Festrede halten, mit dem Thema „Hier ist gut sein, hier lasst uns Hütten bauen".

Der Lahrer Wilhelm Schubert (1813-1893), Kaufmann sowie während der Zeit der 1848-Revolution Zivilkommissar und Bürgermeister in seiner Heimatstadt, gehörte in den Jahren 1863-1865 als für Lahr gewähltes Mitglied der II. Badischen Kammer an. Er war 1867 in Karlsruhe in den Freimaurerbund aufgenommen worden, und wechselte im gleichen Jahr als Mitglied in die Loge „Zur edlen Aussicht" in Freiburg.

Vielfach war er in Freiburg auch als Redner bei freimaurerischen Zusammenkünften tätig, einige seiner Vorträge sind in der freimaurerischen Literatur veröffentlicht worden. Ein offizielles Logenamt übernahm er jedoch nicht. Nach dem Tode Schuberts gedachte die Freiburger Bruderschaft seiner 1983 in der Trauerloge, wobei er als „edler Menschenfreund" gewürdigt wurde, aber auch als Dichter des sogenannten „Hammerliedes", welches sogar in das Liederbuch der Großloge aufgenommen worden ist.

An Wilhelm Schubert erinnert das am 17. Juni 1906 auf dem Lahrer Schutterlindenberg errichtete Schubert-Denkmal mit seinem herrlichen Pavillon. Eine Miniatur dieses, an einen klassischen Tempel erinnernden Gebäudes, ziert übrigens die Spitze des Amtsstabes des Zeremonienmeisters der Lahrer Loge „Allvater zum freien Gedanken".

Das Denkmal für Wilhelm Schubert ist ein Geschenk von Ferdinand Thiergarten, der in der freimaurerischen Literatur als „Pflegesohn" Schuberts bezeichnet wird. Ferdinand Thiergarten war der Verleger der „Badischen Presse" in Karlsruhe. Die Anlage wurde der Stadt Lahr in Obhut und Eigentum übergeben, in der Mitte des Pavillons thront die Büste Wilhelm Schuberts. Der Gedenkstein ist mit dem Motto „Aufklärung, Humanität, Recht, Freiheit, Vaterland" überschrieben und würdigt die vielfältigen und großen Verdienste Wilhelm Schuberts.

Ferdinand Thiergarten (1847-1919) stammte aus einfachsten Lahrer Verhältnissen. Er war der Sohn des „Lahrer Kaspar Hauser" Ferdinand Thiergarten sen., der als Findelkind 1819 im Gewann Thiergarten (dem Bereich der heutigen Thiergartenstraße am neuen Rathaus, die nach Ferdinand Thiergarten benannt ist) aufgefunden worden ist.

Vater Thiergarten soll lange Jahre im Hause Ernst Kaufmann beschäftigt gewesen sein, Sohn Thiergarten erlernte bei Moritz Schauenburg das Schriftsetzerhandwerk.

Als Ferdinand Thiergarten 1919 starb, schrieb die „Lahrer Zeitung": "Im 73. Lebensjahr ist der Buchdruckereibesitzer Ferdinand Thiergarten in Karlsruhe, der Verleger der 'Badischen Presse', infolge eines Schlaganfalls gestorben. Mit ihm ist eine Persönlichkeit aus dem Leben geschieden, die sich durch Tatkraft und Intelligenz aus bescheidenen Anfängen zu einer hochangesehenen Stellung und zum Besitzer eines großen Zeitungs- und Druckerei-Unternehmens emporgeschwungen hatte."

Ferdinand Thiergarten war 1888 in die Loge „Zur Edlen Aussicht" aufgenommen worden. Ihm zu Ehren wurde am 08. März 1914 eine „Aufnahme- und Jubiläumsloge" gefeiert, zu der über 70 Freimaurerbrüder nach Freiburg gekommen waren, wobei die Logen aus Aarau, Karlsruhe, Konstanz und Lahr offizielle Vertreter entsandt hatten. Selbst aus Port Said war ein Bruder bei dieser Feier anwesend.

Nach der Aufnahme zweier „Suchender" in den Bruderbund wurde Ferdinand Thiergarten durch den Zeremonienmeister vor den Tisch des Meisters vom Stuhl geführt. Dieser begrüßte ihn offiziell und verlas ein Glückwunschschreiben des Großmeisters der der Großloge „Zur Sonne" in Bayreuth, Schilling, in welchem Ferdinand Thiergarten als „treu bewährter Jünger der königlichen Kunst, der an hervorragender Stelle stehe, wenn die Namen der besten Brüder der „Edlen Aussicht" genannt werden" gewürdigt wurde.

Ferdinand Thiergarten durfte an diesem Tage nicht nur die traditionelle Ehrung für 25-jährige Treue zu seiner Mutterloge entgegennehmen, sondern wurde darüber hinaus mit der Würde eines „Ehrenmeisters" ausgezeichnet, eine Ehrung, welche nur sehr selten ausgesprochen wird.

Für die Lahrer Loge würdigte der deputierte Stuhlmeister Nägele die Verdienste Ferdinand Thiergartens, der Ehrenmitglied der Lahrer Bauhütte war. Ferdinand Thiergarten war nicht nur der Spender des „Schubert-Denkmals", sondern hatte sich auch in vielen anderen Fällen als großzügiger Förderer freimaurerischer Nächstenliebe erwiesen. So, wie die Tempelarbeit mit dem Lied „Brüder, reicht die Hand zum Bunde" eröffnet worden war, wurde sie mit dem „Niederländischen Dankgebet" geschlossen.

Schubert und Thiergarten waren bekanntlich nicht die einzigen Vertreter der „Lahrer Ehrbarkeit", welche sich zur Freimaurerei bekannten.

Emil Durain (1825-1892) von Kehl-Dorf

Emil Durain, 1825 in Kehl-Dorf geboren, war eine der prägendsten und bekanntesten Kehler Persönlichkeiten seiner Zeit, und blieb vielen – weit über Kehl hinaus - nicht nur wegen der tragischen und folgenschweren Umstände seines Freitodes im Jahr 1892 lange in lebhafter Erinnerung. Durain wird oft in anderen, historischen Arbeiten erwähnt, es existiert über ihn ein reicher Fundus an Informationen, bisher jedoch keine zusammenfassende Biographie. So sollen in dieser Arbeit Leben und Schicksal des Kaufmannes, Politikers und Freimaurers Emil Durain aufgezeigt werden.

Emil Durain mischte sich bereits in jungen Jahren aktiv in die Politik mit ein: Er legte sich 1848 öffentlich mit dem Hauptlehrer Augustin Hornung, von der katholischen Schule in Dorf Kehl, an. Der frühere Schüler und nunmehrige „Handelsmann in Dorf Kehl", Emil Durain, konnte seinem Lehrer die – zugegebenermaßen üble – Beleidigung des badischen Revolutionsführer Friedrich Hecker nicht verzeihen. Hauptlehrer Hornung hatte sich tatsächlich entblödet, im Sommer 1848 seinen Schulkindern ein Land auf der Karte zu zeigen, "in welchem es kamelartige Ungeheuer geben soll, welche dem Friedrich Hecker auf ein Haar gleichen."[81]

Durain wies diese Beleidigungen massiv zurück, erfreute sich nach seiner Ansicht doch Friedrich Hecker „im ganzen Hanauerland großer Beliebtheit". Durain war überzeugter Demokrat und bekannt sich auch dazu.

So sehr, dass er auch in seinem Handelsgeschäft „in Demokratie machte": Er bot im „Offenburger Tageblatt" Büsten Heckers („in Gips, in Naturgröße nach dem Leben") zum stolzen Preis von 5 Gulden 30 Kreuzer an. Als Basrelief gab's das Haupt der badischen Revolution günstiger: Zum Preis von 36 Kreuzern. Der Gulden war aufgeteilt in 60 Kreuzer, ein Brot kostete damals rund zehn Kreuzer. Geht man von einem Monatslohn von acht bis neun Gulden aus – dann war

---

[81] Stüwe, S. 393

die Heckerbüste nicht unbedingt für die Einkommensverhältnisse eines Normalverdieners bestimmt.

Durain jedenfalls, sprachlich sicher kein Kind von Armut oder Traurigkeit, bezeichnete seinen ehemaligen Lehrer im Gegenzug als „Dämmerlingskäfer". Damit hat Emil Durain sicherlich nicht die sympathischen Glühwürmchen (Lampyris noctiluca) gemeint.

Zuzutrauen wäre dem gebildeten und weltläufigen jungen Mann jedoch, dass er damit auf deren Zugehörigkeit zur Familie der „Weichkäfer" anspielen wollte... Der Skandal zog Kreise, Schützenverein und Gesangverein – beiden Vereinen gehörte Durain als Mitglied an – wurden in den Gefechtsstrudel mit hinein gezogen.
Beide gaben Ehrenerklärungen für ihr Mitglied ab. Emil Durain gehörte übrigens auch zu den Gründungsmitgliedern des Kehler Turnvereins 1845. Genauso wie der Buchbinder Carl Theodor Asmuß. Wir werden beiden in interessantem Zusammenhang später nochmals begegnen.

Im November 1848 wurde in Wien der Demokrat Robert Blum standrechtlich ermordet. Dabei scherte es Schergen und Büttel in Robe und Uniform nicht, dass Blum als Abgeordneter der Nationalversammlung eigentlich parlamentarische Immunität besaß.
Sogenannte „Standgerichte" haben im deutschen Unrechtssystem ja eine lange Tradition. Nach der Ermordung Blums bildete sich in Kehl ein Ausschuss, der sich der solidarischen Unterstützung der Witwe und der Kinder verschrieb.

Federführend waren Emil Durain, Carl Theodor Asmuß, der Arzt Dr. Ludwig Küchling und Kaufmann Ernst Glückherr. Schon damals wurde z.B. auch Wilhelm Rehfuß, Inhaber und Wirt des Gasthofes „Zum Rehfuß" in Kehl-Dorf, dessen Tochter Magdalena und Sohn Karl, Kaufmann in Kehl-Dorf, argwöhnisch von der Regierung beobachtet. Vermeintlich revolutionärer Umtriebe wegen. Auch diese Namen werden uns später nochmals begegnen.

Am 04. Mai 1848 erfolgte das Verbot der Volksvereine und Volksausschüsse durch Großherzog Leopold.[82] Es sollte jedoch durch

---

[82] Großherzoglich Badisches Regierungsblatt XXXI 1848, S. 143/144

die Fluten der Revolution im Januar 1849 hinweg gespült werden, um danach umso massiveren Verboten Platz zu machen: Durch den Großherzoglichen Bevollmächtigten beim Hauptquartier der badischen Besatzungstruppen vom 12. Juli 1849 wurde ganz einfach das Vereinsverbotsgesetz vom 28. Oktober 1833 wieder in Kraft gesetzt.

Das Verbot der Volksvereine vom Mai 1848 bis zum Januar 1849 wurde jedoch meist durch heimliche Treffs oder „harmlose Zusammenkünfte" umgangen.

Zwar konnte Oberamtmann Maximilian Freiherr von Bodman vom Bezirksamt Kork im Sommer 1848 an seine Regierung berichten, dass das Verbot der Volksvereine noch gefruchtet habe, jedoch drei Bürger von Kehl-Stadt und ein junger Handelsmann von Kehl-Dorf (Stadt und Dorf wurden erst 1910 miteinander vereint) – die Vermutung liegt nahe, Emil Durain – wohl die Absicht hegen würden, zum „Demokratentag" am 16. Juli 1848 in Ettlingen zu gehen.

Emil Durain wurde im Januar 1849 Mitbegründer des Kehler Volksvereines. Und war dann am 12. Mai 1849 einer der Hauptredner bei einer demokratischen Volksversammlung in Kehl. Im „Hornungschen Bierkeller" sprachen neben Emil Duran der bereits genannte Buchbinder Carl Theodor Asmuß sowie der Landwirt Georg Hahn.

Die Untersuchungsakten des Bezirksamtes sollten Emil Durain später wie folgt darstellen:

„Emil Durain von Dorf Kehl, geboren 25. Oktober 1825, lediger Kaufmann, im Besitz von einigem Vermögen und ebenfalls der Anerbung einiges Vermögens entgegensehend, in sittlicher Hinsicht gut, dagegen in Bezug auf seine politische Richtung als einer der rührigsten Teilnehmer an der jüngsten Bewegung beleumundet."

Durain wurde beschuldigt, zum Aufstand und zur Volksbewaffnung, zur Steuerverweigerung und dazu aufgerufen zu haben, die Fürsten und ihre Regierungen zu verjagen.

Zu Carl Theodor Asmuß gaben die Untersuchungsbehörden folgende Stellungnahme ab:

„Carl Theodor Asmus, geboren zu Straßburg am 09. Mai 1812, Buchbinder zu Stadt Kehl, Vorstandsmitglied des Volksvereins daselbst."

Asmus wird nachgesagt, er habe die ungleiche Steuerverteilung, welche für die Armen zu hart sei, kritisiert, die Notwendigkeit einer Erleichterung oder Steuerfreiheit für die Armen gefordert und sei für eine „größere Belastung der Kapitalisten" eingetreten.

Beide Redner wurden später übrigens u.a. wegen „aufrührerischer Reden" verurteilt.

Wobei Emil Durain sich später dem revolutionären Zivilkommissär Dr. Ludwig Küchling anschloss, und diesen z.B. am 13. Mai 1849, dem Tag nach der Kehler Versammlung im Bierkeller Hornung, zur Landesvolksversammlung nach Offenburg begleitete. In „schärfster Fahrt von Offenburg kommend", wurde zuerst die Bahnhofswache aufgefordert, keinen Zug mehr passieren zu lassen. Danach eilte man zur Kommandantur der Kaserne, wo Zivilkonmmisär Dr. Küchling (mit einem Säbel bewaffnet) und seine mit Büchsen bewaffneten Begleiter (darunter Emil Durain) den Kommandanten der Kehler Garnison, Oberst Asbrand, seiner Funktion enthoben.

Anschließend wurde – in gleicher Besetzung – die Eisenbahnkasse beschlagnahmt, und Emil Durain beschlagnahme danach, begleitet von zwei bewaffneten Bürgerwehrmännern, im Auftrag des Zivilkommissärs auch noch die Hauptzollamtskasse.

Nach dem Ende der Revolution und ihrer gewaltsamen Niederschlagung vor allem durch preußische Besatzungstruppen folgte die Verfolgungswelle der obsiegenden Reaktion.

Acht Jahre Zuchthaus wegen „Teilnahme am Hochverrat" lautete das Urteil, das am 29. September 1849 über den Delinquenten Emil Durain gefällt wurde. Buchbinder Carl Asmus wurde zu zwei Jahren Zuchthaus verurteilt.

Die Urteile gegen die Demokraten der 1848-er Revolution waren aus heutiger Sicht mehr als hart, wohl auch Ausfluss von Rache und Machtgelüsten. Zur vorzeitigen Entlassung Emil Durains aus dem Zuchthaus Freiburg kam es dann am 03. September 1851.

Wohl nicht nur ein Zeichen dafür, dass sich Verwandte und Freunde Emil Durains massiv für ihn eingesetzt haben, sondern auch, dass nach den ersten Stürmen der Reaktion nunmehr auch bei den Behörden wieder Ruhe und Überlegung eingekehrt war: Mit großzügigen vorzeitigen Gnadenakten wollte man durchaus versuchen, an die Gemüter und die Gesinnung der ehemaligen Revolutionäre, ihrer Familien und Freude zu appellieren, um sie von „künftigen Fehlhandlungen" abzuhalten.

Ohnehin hätte es die Regierung gerne gesehen, wenn die Köpfe der Revolution ausgewandert wären, vorzugsweise in die weit entfernten USA. Dr. Küchling, der frühere Zivilkommissär, floh zuerst nach Straßburg, und dann über Basel in die USA. Er war in Abwesenheit zu sechs Jahren Zuchthaus und Vermögensentzug „verurteilt" worden.

Kurz vor seiner Flucht hatte er durch einen Schenkungsvertrag sein Vermögen seinen Kindern übertragen, was die Staatsgewalt natürlich nicht anerkannte.

Advokat Gustav Rée, der frühere Offenburger Bürgermeister aus den Zeiten der Revolution, vertrat die Interessen der Kinder gegen die Staatsgewalt, konnte das Vermögen aber nicht retten. Frau und Kinder Dr. Küchlings folgten übrigens ihrem Gatten und Vater bald in die USA nach.

Nach Straßburg geflohen war übrigens auch Wilhelm Schubert, Bürgermeister und Zivilkommissär von Lahr, Mitgründer des Turnvereins Lahr von 1846 – und später Mitgründer der Lahrer Freimaurerloge „Allvater zum freien Gedanken" im Jahr 1868. Mit unter deren Gründern übrigens wiederum Gustav Rée, der frühere Bürgermeister und Advokat von Offenburg. Und sein Halbbruder Alexander Adam, Eisenbahnverwalter in Offenburg.

Am 27. März 1852 erlangte Emil Durain in seinem Geburtsort Kehl-Dorf dann das Bürgerrecht, um dann im Jahr 1863 in den „Großen Ausschuss" von Dorf Kehl gewählt zu werden. Noch immer aber unterlag der alte 48-er den Ehrenfolgen seine Verurteilungen, die jedoch am 07. Januar 1864 dann aufgehoben wurden. Und noch immer stand er wohl noch unter Beobachtung durch die Obrigkeit, auch wenn sich die Verhältnisse sicherlich entspannt haben.

In diese Zeit fällt dann auch der Schwerpunkt der freimaurerischen Aktivitäten von Emil Durain. Am 05. November 1869 wurde in Kehl das freimaurerische Kränzchen „Erwin" gegründet. Im Gasthof „Stadt Karlsruhe" in Kehl waren u.a. zusammen gekommen:

Karl Theodor Asmuß, Buchbinder, geboren 1812, aufgenommen in den Freimaurerbund im Jahre 1867 in Freiburg.

Emil Durain, Kaufmann, geboren 1825, aufgenommen in den Freimaurerbund 1869 in Lahr.

August Morstadt, Buchdrucker, aufgenommen in den Freimaurerbund in Lahr.

Karl Rehfuß, Kaufmann, aufgenommen in den Freimaurerbund in Lahr.

Die anwesenden Freimaurerbrüder beschlossen, ein Kränzchen einzurichten, das unter dem freimaurerischen Protektorat der Lahrer Loge „Allvater zum freien Gedanken" stehen sollte. Ziel war es, in Kehl regelmäßig freimaurerische Zusammenkünfte abhalten zu können, die jeweils auf den ersten Montag im Monat festgesetzt werden sollten.

Vorsitzender des Kränzchens wurde Karl Theodor Asmuß, Redner wurde Emil Durain, Rechner Karl Rehfuß. Die Akteure der 48-er Revolution waren wieder vereint.

Nun allerdings davon auszugehen, dass die 48-Revolution von Freimaurerbrüdern getragen worden sei, ist ein Irrtum. Die Freimaurerei war in Baden seit 1813 verboten. Es gab sicherlich Brüder Freimaurer, welche im benachbarten Elsass, auf französischer Seite, weiter freimaurerisch tätig waren.

Es gab sicherlich auch gesellige Zusammenkünfte ehemaliger, badischer Freimaurer. Jedoch waren die Sozialstrukturen der Logen vor der Verbotszeit 1813 und nach der Wiedergründungszeit 1845 sicherlich ganz andere, als um 1870.

Die Logenbrüder des Jahres 1813 und des Jahres 1847, welche z.B. in Freiburg die freimaurerische Tätigkeit wieder aufnahmen, gehörten eher zum Adel, zur Professorenschaft, zum gehobenen Bürgertum. Man kann hier eher von „alten Eliten" sprechen. Die, wenn auch selbst zu Vermögen gekommenen, 1848er stießen meist erst rund zwanzig Jahre später zur Freimaurerei. Sie brachten durchaus neues Denken mit, wenn sie sich auch oft politisch weiter entwickelt hatten, und aus manchem Revolutionär des Jahres 1848 später ein kaisertreuer, deutscher Patriot werden sollte.

Im Rahmen einer Zusammenkunft Ende November 1869 betont Emil Durain, dass er mit dem Kehler Kränzchen das Zusammenwirken der Freimaurer in Straßburg (Logen), in Lahr (Loge) und Offenburg (Kränzchen wie in Kehl) manifestieren wolle. An dieser Stelle ist es notwendig, über die Stellung Emil Durains im Kränzchen und das Amt des Redners einige Ausführungen zu machen.

Der Redner ist das Vorstandsmitglied einer Loge oder eines Kränzchens, der mit für die „geistige Komponente" der Logenarbeit federführend verantwortlich ist. Sein Amtsabzeichen ist deshalb das Symbol eines geschlossenen Buches, was auf seine „Belesenheit" hinweisen soll. Der Redner hält selbst Vorträge in seiner Loge oder seinem Kränzchen, soll andere anregen, Vorträge zu halten und wird nach Möglichkeit auch andere Logen besuchen – um sich umfassend zu informieren oder auch Gastvorträge zu halten.

Ein Kränzchen ist eine freimaurerische Vereinigung, der die erforderliche Zahl von Mitgliedern zur Gründung einer Loge noch fehlt, die aber trotzdem regelmäßig ihre Mitglieder zu freimaurerischen Zusammenkünften einlädt.

Unbestreitbare Tatsache ist, dass Emil Durain nicht nur in Kreisen der Freimaurerei für eine deutsch-französische Annäherung eintrat, und dies zu Zeiten, in denen solches Denken weder in Kreisen der Freimaurer, noch in allgemeinen Kreisen üblich war. Der Krieg 1870/71 führte in vielfältiger Weise auch zu Brüchen und Verwerfungen innerhalb der oberrheinischen Freimaurerei, die trotz gegenseitigen Bemühens noch recht lange nachgewirkt haben.

Emil Durain, inzwischen in Kehl gut etabliert und über gute Verbindungen auch zu den Behörden verfügend, kann noch im Dezember 1869 seinen Logenbrüdern darüber berichten, dass er beim Bezirksamt die Befreiung der freimaurerischen Zusammenkünfte, welche in Nebenräumen von Gaststätten stattfanden, von den Vorschriften der Polizeistunde haben erwirken können.

Das Jahr 1870 eröffnet Emil Durain mit einem Vortrag „Kampf des Lichtes gegen di9e Finsternis". Karl Theodor Asmuß tritt als Vorsitzender des Kränzchens im April 1870 zurück, bleibt der Gemeinschaft jedoch eng verbunden. Nachfolger wird kein anderer als Emil Durain. Emil Durain kann mit den Vertretern der Lahrer Loge vereinbaren, dass die Eröffnung des Kränzchens in Kehl am 21. Juni 1870 erfolgen soll, im Rahmen eines gemeinsamen Johannis-Festes. Später entscheidet man sich dafür, den ursprünglich gewählten Namen „Kränzchen am Rhein" durch „Erwin" zu ersetzen.

Damit will man die Verbundenheit und den Respekt für Dombaumeister Erwin von Steinbach, den Schöpfer des Straßburger Münsters, zum Ausdruck bringen.

Noch im April 1870 hatte das Musikkorps des Großherzoglich Badischen 4. Infanterieregiments „Prinz Wilhelm" den Straßburgern ein Platzkonzert gegeben. Die plötzlichen Änderungen der politischen Großwetterlage zwingen dazu, den Einweihungstermin zu verschieben: Der deutsch-französische Krieg brach aus. Badische Truppen sprengten am 22. Juli 1870 die über 300 Meter lange Eisenbahnbrücke über den Rhein.

Am 28. September kapitulierte Straßburg nach einer furchtbaren Belagerung, die Straßburg und Kehl ganz erheblich in Mitleidenschaft gezogen hatte.

Am 26. September 1870 nahm auch das Freimaurerkränzchen „Erwin" in Kehl wieder seine Tätigkeit auf, und Emil Durain konnte darüber berichten, dass er die Ehrenmitgliedschaft einer Straßburger Loge empfangen habe. Im Juli 1870, ein Jahr später als geplant, feiern Lahrer und Kehler Brüder anlässlich des Johannisfestes die Einweihung des Kränzchens „Erwin" unter dem Vorsitz von Emil Durain.

1873 wird dann das Kränzchen „Erwin" zur Freimaurerloge „Erwin", der Emil Durain als Meister vom Stuhl bis ins Jahr 1877 vorstehen wird. 1883 wird Karl Rehfuß ihm in diesem Amt nachfolgen.

Emil Durain aber spricht u.a. beim Johannisfest 1879 in seiner Loge über das Thema „Über Betätigung der Maurerei m profanen Leben".

Ab 1885 wird die Loge „Erwin" ruhen, weil sich eine große Zahl der Brüder den beiden deutschen Freimaurerlogen „An Erwins Dom" (gegründet 181/82) und „Zum treuen Herzen" (gegründet 1873) angeschlossen haben. Nachdem diese beiden Logen jedoch ihre Arbeit in Straßburg nach dem I. Weltkrieg hatten einstellen müssen („An Erwins Dom" floh 1919 nach Frankfurt und erloschen 1968, „Zum treuen Herzen" floh 1919 nach Karlsruhe und ist 1935 erloschen), entstand in Kehl 1923 wieder ein freimaurerisches Kränzchen. Sein Inventar wurde 1929/30 der nunmehr bestehenden Loge in Offenburg übergeben.

In den Jahren 1871/72 bekleidete Emil Durain das Amt des Bürgermeisters von Dorf Kehl. Sein Vorgänger hieß übrigens Rehfus. 1882 bis 1888 war Fingado Bürgermeister der Stadt Kehl. Wilhelm Fingado war 1871 in Lahr in den Bruderbund aufgenommen worden. Es war dies eine Zeit, welche vom deutsch-französischen Krieg, den Kriegs- und Belagerungsfolgen für beide (Stadt und Dorf) Kehl, das anschließende Umland und das direkt benachbarte Straßburg beherrscht war.

Zugleich aber auch einer Periode vaterländischer Glückstrunkenheit über den gewonnenen Krieg gegen Frankreich, über die „Heimholung" des Elsass und Straßburgs in das neu gegründete, deutsche Kaiserreich. Der Kartätschenprinz von 1848, Wilhelm von Preußen, war als Kaiser Wilhelm I. zum liebevoll-vergötterten „Vater des Vaterlandes" mutiert. Bismarck und die Geschichte machten es möglich…

Auch Emil Durain profitierte vom Aufschwung der Gründerzeit. Der Bezirksrat und Kreisabgeordnete für die demokratische Partei war Eigentümer der „Kolonialwaren- und Manufakturenwarenhandlung Emil Durain en gros & en détail" in Dorf Kehl, war Eigentümer einer – wohl der ersten! – Kiesbagger-Maschine auf dem Rhein, war Eigentümer einer Alpacca-Kunstwollefabrik auf dem Gelände des Kehler Hafens sowie Direktor der Kehler Kreditbank. Selbstverständlich war der erfolgreiche Geschäftsmann auch Mitglied der Handelskammer.

Doch dann zeichneten sich Wolken am Horizont ab. Wolken, deren Aufziehen Emil Durain vielleicht sogar deutlicher klar bewusst war, als er wahrhaben wollte. Letztendlich hat Emil Durain hieran sein Leben eingebüßt. Der Kehler Geschäftsmann Carl Ross (1864-1945) hielt in seinen Lebenserinnerungen fest:

„Die Kreditbank, früher eine „eingetragene Genossenschaft", war im Jahre 1889 in eine Aktiengesellschaft umgewandelt worden. Anfangs 1891 wurden nun auf Veranlassung des Verwaltungsrates zwei Revisoren bestellt, um über so machen Unklarheiten, die sich im Laufe der Zeit den Verwaltungsräten auf gedrungen haben mochten, endlich einmal genauen Aufschluss zu erhalten. Auf den Vorschlag des Direktors Durain hin wurden mein Freund Emil Schütterle und ich hierzu gewählt. Dass er gerade auf uns verfiel, hatte seinen Grund wohl darin, dass wir beide durch unsere Firmen bei der Kehler Kreditbank stark beteiligt waren. Einige Kehler waren auch Gründer der neuen Aktiengesellschaft, unsere Väter waren ehedem langjährige Verwaltungsratsmitglieder und mit dem Herren Durain nahe befreundet. Wir selbst saßen fast allabendlich in seiner wirklich sehr angenehmen und anregenden Gesellschaft. Dies alles ließ Herrn Durain unsere Wahl ohne Zweifel als die geeignetste erscheinen und ihm die Garantie bieten, dass alles beim alten bleiben werde. Möglich auch, dass er mit unserem jugendlichen Alter und mit unserer Unerfahrenheit in Bankgeschäften rechnete, die er, der rede- und geschäftsgewandte Mann, sich zunutze machen wollte."

„Wir begaben uns also an vier Vormittagen in die Kreditbank, wo wir im Konferenzzimmer uns die Bücher etc. vorlegen ließen. Herr Durain ging ab und zu, traktierte uns mit Zigarren und war die Liebenswürdigkeit selber. Auf unsere Fragen, warum so manche alte, längst verlorene Posten ... immer noch in den Aktiva figurierten, hatte er gleich die Antwort, dass, um die Dividende nicht zu sehr sinken zu lassen, die Abschreibung allmählich geschehen müsse, und zeigte uns zur Beruhigung einige andere Bankabschlüsse, in denen allerdings mehrere große Verluste schon jahrelang mitgeschleppt wurden. Es fiel uns auch auf, dass die damalige Goldleistenfabrik ... (des Schwiegersohnes von Emil Durain, ergänzt durch den Verf.) sowie die Kunstwollefabrik seines Sohnes Robert Durain zeitweise mit hohen Beträgen im Soll standen.

Beide Fabriken prosperierten offenbar nicht, sie gingen zurück. Um sie über Wasser zu halten, wurden beiden einfach Summen aus der Bank überwiesen und damit der den beiden Fabriken eingeräumte Kredit ganz erheblich überschritten. Um diese Überschreitungen nicht als solches erscheinen zu lassen, gaben ... (die Schuldner, der Verf.) Akzepte in der Höhe der jeweiligen Schuld, und da der Direktor Durain sen. die Bürgschaft für Sohn und Schwiegersohn übernommen hatte und als reicher Mann galt, so beruhigten sich anschließend die Verwaltungsratsmitglieder. Wenn dann der Verfalltag der Akzepte herankam, wurde das Konto der Betreffenden einfach wieder mit Beträgen derselben belastet."

„in gleicher Weise war auch die Bilanz zurechtgestutzt worden, und die Zahlen stimmten alle... Indes geriet der Stein immer weiter ins Rollen, bis endlich die Katastrophe eintrat. Wohl versuchten die besonders interessierten Kreise die Bank zu halten, und hernach, als der Konkurs ausgebrochen war, durch freiwillige Beiträge in Gesamthöhe von 150.000 Mark eine außergerichtliche Erledigung der Sache." ...

„Der Staatsanwalt unterzog die Verwaltungsräte etc. einem kritischen Verhör. Auch wir beiden Revisoren mussten, jeder einzeln, ihm Rede stehen. Das Ende vom Lied war, dass die Verwaltungsräte unter Anklage gestellt wurden. Die Angeklagten wurden zu Geldstrafen verurteilt, da ihnen wohl leichtfertiges Handeln zum Vorwurf gemacht wurde. Allein eine böse Absicht konnte niemandem nachgewiesen werden. Und es hatte nach meiner festen Überzeugung auch niemand eine solche, auch der verstorbene Direktor Durain nicht, im Sinne gehabt..."

Das Kehler Wochenblatt meldete unter dem Datum vom 14. Februar 1892 auf den Tod Emil Durains:[83]

> „Die irdische Hülle des mit einem so tragischen Abschluss aus dem Leben geschiedenen Bankdirektors E. Durain wurde gestern Nachmittag mit dem Leichenwagen nach dem Bahnhof verbracht, um per Bahn nach Gotha befördert zu werden, wo nach einer letztwilligen Bestimmung sein Leichnam in dem dortigen Krematorium zu Asche verbrannt werden soll."

Das Krematorium von Gotha war 1878 in der Thüringer Residenzstadt von Sachsen-Coburg-Gotha eröffnet worden. Regierung und Evangelische Landeskirche waren dort sehr liberal. Die katholische Kirche lehnte damals die Einäscherung noch ausnahmslos und massiv ab. 1878 fand eine, im Folgejahr weniger als 20 Einäscherungen statt. Erst 1893 ging in Heidelberg das zweite Krematorium, 1894 in Hamburg die dritte Einäscherungsmöglichkeit in Betrieb. Es sei an dieser Stelle darauf hingewiesen, dass die Feuerbestattungsbewegung damals oft ein Kampfmittel der Freidenkerbewegung war, sozusagen die „letzte Revanche" gegen die katholische Kirche.

Man darf aber Freimaurer und Freidenker nicht gleichsetzen. Hiergegen würden sich beide Denkweisen ganz massiv verwahren. Die traditionelle, englische Freimaurerei bekämpft die Ideen des Freidenkertums, die deutsche Freimaurerei steht ihr überwiegend deutlich ablehnend gegenüber. Denn die Freimaurer sind ganz bewusst weder „Libertiner noch Gottesleugner".

Allerdings muss eingeräumt werden, dass zu Zeiten Emil Durains auch in Kreisen der Freimaurerei die Idee der Feuerbestattung mehr und mehr Anhänger fand. Jedoch nicht aus Gründen der Religionsablehnung, sondern eher aus sanitär-ästhetischen Gründen.

---

[83] Kehler Wochenblatt Nr. 20 vom 16. Februar 1892

„Dieser Selbstmord verursacht allgemeine Erregung nicht nur durch das Schreckhafte eines solchen Ereignisses, sondern namentlich in Beziehung auf die schlimmen Wirkungen mit dem unmittelbar darauf erfolgten Sturz der Kreditbank Kehl."

Die Freimaurerei strebt nach Selbsterkenntnis, Selbstbeherrschung und Selbstveredelung. Die ihr zu gedichtete Neigung zum Selbstmord ist eine üble Verleumdung, die es so nicht gibt.

Gerade auch in den freimaurerischen Schriften wird die Gesunderhaltung des irdischen Körpers und die Achtung vor dem Leben – dem fremden wie dem eigenen Leben – mit als höchster Wert gesehen. Die Entscheidung Emil Durains, freiwillig aus dem Leben zu scheiden, hat mit dessen freimaurerischem Denken gerade nichts gemeinsam.

„Schon seit Wochen liefen Gerüchte um, zuerst nur in engeren, vertrauteren Kreisen, über die hohe Verschuldung, deren Spuren man erst in Laufe des vergangenen Jahres entdeckte, trotz der befriedigenden Bilanz, welche noch bei dem letzten Jahresabschluss veröffentlicht wurde. Bei den nun angestellten, genaueren Nachforschungen wurden leider sehr namhafte Fehlbeträge nachgewiesen. Es ist festzustellen, dass die Familie D. nahezu eine Million schuldet; nebstdem fanden sich durch den Direktor eigenmächtig, ohne die erforderliche Zustimmung des Verwaltungsrates gewährte Kreditbewilligungen verzeichnet, welche weit über die gebotene Sicherheit hinaus gehen und den Barbestand der Bank erschöpfen mussten."

Mit dem Barbestand der Bank kann hier wohl das gemeint sein, was wir heute unter Eigenkapitalvorschriften wie Basel II, Kreditwesengesetz und „Mindestanforderungen an das Risikomanagement" verstehen. Ob Basel III, das ab 2013 in Kraft treten soll, geeigneter ist zu verhindern, was eigentlich nie geschehen darf, wird die Zukunft erweisen.

„Mit künstlichen Mitteln wurden die Fehlbeträge so lange verdeckt, bis das Übel durch den Verwaltungsrat erkannt wurde, leider zu spät. In den letzten Wochen zur Beschaffung eines höheren Kassenbestandes gedrängt, musste sich die Direktion entschließen, zu den 40% bereits eingezahlten Aktienkapitals weitere 20% bis zum 01. März bzw. zum 01. April einzuberufen. Ehe es aber zur Einzahlung kam, ergriff das bereits erwachte Misstrauen immer weitere Kreise, und es wurden plötzlich Darlehen in so großer Zahl gekündigt, dass sie bis zum Auszahlungstermin nicht alle aufgebracht werden konnten. Als durch die stetig wachsenden Besorgnisse im Publikum der Bankdirektor sich mehr und mehr bedrängt sah, konnte derselbe in seinem Schuldbewusstsein keinen Ausweg mehr finden und stürzte sich freiwillig in den vor ihm sich öffnenden Abgrund."

„Nun werden zur Ergänzung der Aktien die bis zum Nennwert von 1.000 Mark noch fehlenden 60% einbezahlt werden müssen; viele Unbemittelte aber, welche ihre ganzen Lebensersparnisse mit den bereits einbezahlten 40% eingelegt hatten und teilweise im Besitz mehrerer Aktien sind, werden zu deren Ergänzung nicht im Stande sein und mit Sorge auf den erhofften Wiederersatz der Anlage blicken. Sehr groß ist auch die Anzahl derjenigen, welche ihre Ersparnisse als verzinsbare Darlehen in der Kreditbank unterbrachten in der Hoffnung, dass sie dort sicher geborgen seien."

„Nun hat der Schuldige den freiwilligen Tod gesucht für das angerichtete Unheil, in das er viele im näher und ferner Stehende hineinriss, welche dem im Leben geistig hochbegabten Manne mit einem unbegrenzten Vertrauen sich hingaben – dem Manne, der seiner Zeit die höchsten Ehrenämter bekleidet hatte als Bürgermeister in seiner Gemeinde, als Bezirksrat,

Kreisabgeordneter und Mitglied der Handelskammer. Wer hätte auch ihm nicht trauen sollen, dem allzeit als warmen Menschenfreund sich zeigenden."

Der 1863 von August Morstadt gegründete Morstadt-Verlag in Kehl war von seiner Gründung an bis zum Jahre 1978 der Verlag der Kehler Zeitung, also zuvor auch des Kehler Wochenblattes. Für den Verleger Karl Morstadt, selbst Freimaurer, muss es eine schwere und traurige Pflicht gewesen sein, in seiner eigenen Zeitung so über einen vertrauten Logenbruder berichten zu müssen.

Dies beweist auch die nachfolgend original übernommene Berichterstattung der Freiburger Zeitung: Der Zusammenburch der Gewerbebank und der Tod Emil Durians waren schwerwiegende Ereignisse.

Viel größer als Angst vor Bestrafung war für Emil Durain wohl die Schande, als Geschäftsmann und Mensch versagt zu haben, andere enttäuscht zu haben. Trotzdem: Er war nicht der Einzige, den zu jener Zeit die wirtschaftliche Lage in die Knie zwang. Dies beweist schon die Überschrift der nachfolgenden Zeitungsmeldungen:

Wieder Einer!

Z. **Kehl,** 12. Febr. Heute morgen erschoß sich der erste Direktor der Creditbank Kehl-Aktien-Gesellschaft, Herr Kaufmann E. Durain sen. Das Motiv der That ist bedeutende Ueberschuldung der Aktiengesellschaft — man spricht von Mk. 600,000 — und die dem Verstorbenen drohende Verhaftung. Durch den Zusammenbruch des Instituts, das vor zwei Jahren von einer eingetragenen Genossenschaft in eine Actiengesellschaft umgewandelt wurde, verlieren viele arme Leute, die ihre ersparten Pfennige dem Institut anvertraut und Aktien, beziehungsweise Interimsscheine dafür erhielten, ihr Geld. Für die Creditverhältnisse der Stadt, sowie des ganzen Bezirks ist die Sache von tief eingreifender Bedeutung.

Z **Kehl**, 14. Februar. Der Zusammenbruch der Aktiengesellschaft Creditbank Kehl beginnt bereits seine Wirkungen zu äußern. Schon gestern haben zwei am hiesigen Platze domicilirte Firmen: Spiegel- und Rahmenfabrikant F. Walter und Kaufmann E. Durain hier ihre Zahlungen eingestellt und die Konkurseröffnung beantragt. Leider werden diese nicht die einzigen Opfer der Katastrophe sein. Gr. Staatsanwaltschaft war gestern und vorgestern in Begleitung eines Sachverständigen behufs Untersuchung der Bücher der Bank hier. Die Aufregung in der Stadt und dem Bezirke ob des so unerwarteten und plötzlichen Krachs ist gewaltig. Ob es möglich, die Durchführung des Konkurses zu vermeiden und ähnlich, wie in Waldkirch, eine Verständigung unter den Gläubigern und Schuldnern behufs Weiterführung des Instituts zu erzielen, hängt vorerst noch von der genauen Feststellung der Schuldenmasse ab.

Freiburger Zeitung vom 14. bzw. 16. Februar 1892

Emil Durain, Ferdinand Rehfus und Jean Schütterle waren nach Ansicht des Gründer der badischen SPD und Herausgebers des Volksfreundes, Adolf Geck, Schuld daran, dass die SPD in Kehl nicht habe Fuß fassen können. Die „Hecker'schen Demokraten", allesamt „Nationalliberale und Freimaurer", behandelten als Geschäftsleute ihre Mitarbeiter wohl so gut, dass die Sozialdemokratie es schwer hatten, in Kehl Fuß fassen zu können.

NS-Terror: Das Licht erlöscht

Mit dem Ende der 20-er Jahre wurden immer mehr jene schmutzig-braunen Gewitterwolken, welche sich schließlich im Gewitter aus Blut und Tränen, Völkermord und Krieg entladen sollten, auch für die Freimaurerei immer bedrohlicher. Der Terror der Hitler-Banden führte letztendlich zu jener, mehr als ein ganzes Jahrzehnt dauernden, gänzlichen Dunkelheit...

Bereits im Jahr 1927 hatten die Nazis in einem Tagesbefehl des Chefs der SS-Oberleitung Erhard Heiden jeden SS-Angehörigen dazu verpflichtet, jeden bekannten Freimaurer namentlich an ihre Vorgesetzten zu melden. Die Bespitzelung sollte nicht dem Zufall überlassen bleiben.

Die Braunschweiger Zeitung „Volksfreund" berichtete am 06. August 1931 über einen Befehl des Reichsführers SS, Heinrich Himmler, wonach nicht nur die Freimaurer-Logen, ihre Häuser, Logenabende und Mitgliederverzeichnisse auszuspionieren waren, sondern möglichst auch die Logenhäuser und sämtliche Mitglieder zu fotografieren waren.

Vom 04. März 1932 stammt ein Befehl an den „Nachrichtendienst der SA", wonach u.a. „1. Polizei, 2. Lehrer 3. Pfarrer, 5. Bahnbeamte ... , 5. Autobusfahrer, 6. Vorsitzende von ... Schießvereinen, 7. Beamte des Bezirksverbandes, 8. Freimaurer, 9. Juden" in einer Aufstellung zu erfassen seien.

Liquidierung aller Logen

Schon im Februar 1933 hatte die Großloge „Zur Sonne" in Bayreuth ihren Tochterlogen vertraulich mitgeteilt, dass die Gestapo die Liquidierung aller Logen plant. Der zugeordnete Großmeister der Großloge „Zur Sonne" in Bayreuth, Dr. Bernhard Beyer, versandte noch am 12. April 1933 ein Rundschreiben an die Tochterlogen, zu denen auch die Lahrer Loge „Allvater zum freien Gedanken" zählte, mit der herzlichen Bitte, die „Arbeiten ruhig fortzusetzen." Dabei ist zu bedenken, dass bis Mitte April sich von 42 Logen der Großloge „Zur Sonne" bereits acht aufgelöst hatten.

Einen Tag darauf löste sich die „Große Loge von Hamburg" auf und wandelte sich in einen nichtfreimaurerischen, christlichen Verein um. Später entstand, von den Auslandslogen dieser Großloge getragen, im chilenischen Exil die „Große Loge von Hamburg, stellvertretender Ausschuss in Valparaíso", der sofort internationale, freimaurerische Anerkennung fand.

Am 18. April 1933 musste sich die Großloge „Zur Sonne" dem Druck der Nazis beugen und löste sich ebenfalls auf.

Die letzten, vorhandenen Jahresberichte der Lahrer Bruderschaft stammen aus den Jahren 1930 und 1933. Bereits am 20. April 1933, nur zwei Tage nach der Auflösung ihrer Großloge, muss sich die Lahrer Bruderschaft dem Terror der NS-Gewalthaber beugen und sich ebenfalls „freiwillig auflösen".

Das Lahrer Logenhaus war bereits seit dem Jahr 1930 von NS-Einrichtungen und Sympathisanten geradezu umringt: In der Kaiserstraße 45 befand sich die Geschäftsstelle der NSDAP, in der Bergbrauerei Zahler das SA-Sturmlokal, und auch im „Rappen" und im „Schwanen" sowie dem Café Hildebrand („Zum süßen Löchle" am Urteilsplatz) lagen die NSDAP-Kampfblätter zur Lektüre aus. Für die Brüder muss diese direkte Nähe der Unduldsamkeit auch in Lahr ein besonders beklemmendes Gefühl gewesen sein.

Nicht unvergessen bleiben soll dabei auch die Tatsache, dass Gestapo und SD ihre „Dienststellen" im Alten Rathaus einquartiert hatten, nur wenige Meter vom Logenhaus am Urteilsplatz entfernt. Die Loge wurde zur Veräußerung des Hauses gezwungen, das seit 1914 der Loge und ihren Brüdern Heimat war und bis heute wieder ist.

Nach dem Kriege war es für die Loge schwierig, ihr Haus wieder zu erlangen. Dank französischer Brüder waren zwar früh wieder freimaurerische Treffen möglich. Doch es war nicht leicht, nach der Verfolgung das freimaurerische Leben wieder in Gang zu bringen.

Im Mai 1949 wurde dann Restitutionsklage bei der Restitutionskammer beim Landgericht Offenburg erhoben worden, mit dem Ziel, das durch die nationalsozialistischen Machenschaften verlorene Logenhaus wieder zu erhalten. Der Prozess fand nach mehreren Jahren dann endlich seinen Abschluss, auf Grund eines seitens der Lahrer Bauhütte angebotenen Vergleichs, das Haus zum gleichen Preis, den man damals erhalten hatte, wieder zurück zu kaufen. Im Laufe des Verfahrens hatte der gegnerische Anwalt in schäbiger und skrupelloser Weise versucht, die Logenbrüder der Nähe zum Nationalsozialismus zu bezichtigen. Diese bewusste Rechts- und Tatsachenverdrehung misslang jedoch gründlich. Als Zeugen sollten ausgerechnet die Schergen des NS-Systems in Gestalt von Kreisleiter und Co. auftreten. Wie viele andere Opfer der NS-Gewaltherrschaft, erhielt die Lahrer Freimaurerloge niemals eine Entschädigung für das erlittene Unrecht.

In hämisch-gehässigem Tonfall berichtet das NS-Organ „Der Führer" 1933 über die Auflösung der Lahrer Loge, nicht ohne die Gelegenheit zu nutzen, einige der Brüder namentlich und öffentlich zu diffamieren. Niedrige Instinkte waren zu Unterdrückern humanitärer Ideale geworden.

Das maurerische Licht war erloschen. Die Gestapo, braune Günstlinge, ihre Schergen und Zuträger befleißigten sich emsig, die freimaurerischen Gebrauchsgüter, insbesondere die Ausstattung des Tempels, sowie Rituale und Lehrbücher zu beschlagnahmen.

Parteiamtliche Kulturlosigkeit

Am 08. Januar 1934 entschied das „Oberste Parteigericht der NSDAP" unter Vorsitz von Walter Buch, dass alle Freimaurer, welche einen höheren als den Gesellengrad erreicht haben, oder erst nach dem 30. Januar 1933 aus der Loge ausgetreten waren, grundsätzlich von jeder Mitgliedschaft in den Parteiorganisationen ausgeschlossen waren. Jedoch waren alle ehemaligen Freimaurer ohne Ausnahme von Parteiämtern ausgeschlossen.

Das preußische Ministerium des Inneren richtete am 04. Januar 1934 eine Anordnung an die drei „altpreußischen Großlogen", welche nach einem Runderlass vom 08. Januar 1934 unverzüglich den einzelnen, örtlichen Logen bekannt zu geben war. Darin hieß es sinngemäß:

„Angesichts der durch die nationale Bewegung geschaffenen Einheit des deutschen Volkes könne keinerlei Bedürfnis mehr für die drei altpreußischen Großlogen und die ihnen angeschlossenen örtlichen Logen anerkannt werden; dem vielfach in den örtlichen Logen hervorgetretenen Bestreben, sich im Hinblick auf die politische Entwicklung in Deutschland aufzulösen, müsse Rechnung getragen werden; unter diesen Umständen seien Vorschriften in den Satzungen der Großlogen, die er Erfüllung solcher Wünsche entgegenständen oder sie erschwerten, nicht mehr gerechtfertigt."

Der preußische Minister des Inneren ordnete in Abänderung der vorhandenen Logensatzungen an: „Die Auflösung einer Loge erfolgt durch Beschluss der Mitgliederversammlung mit Stimmenmehrheit. Die Mitgliederversammlung ist zu diesem Zweck zu berufen, wenn ein Mitglied dies fordert. ... Die Versammlung ist beschlussfähig ohne Rücksicht auf die Zahl der Teilnehmer. (...) Die Beschlüsse ... bedürfen meiner Genehmigung, nicht mehr derjenigen der Großloge."

Am 04. März 1934 wurden die Postscheck und Bankkonten der „Großen National-Mutterloge zu den drei Weltkugeln" beschlagnahmt. Das Logengebäude in Berlin wurde von der Gestapo besetzt. Der Großmeister wurde festgenommen.

Am 22. März 1935 erklärten im Rahmen einer Besprechung Vertreter des Reichs- und Preußischen Ministeriums des Inneren, des Gestapo und des SD, der Erlass über die erleichterte Auflösung der Logen sei für die Großlogen ein Hinweis des Staates gewesen, ihre Auflösung herbeizuführen. Geplant sei ein Gesetz das die Freimaurerei in Deutschland verbieten und die Logen wegen Staatsfeindlichkeit auslösen solle. Den Folgen eines Verbotes könnten sich die Logen durch Selbstauflösung entziehen. Die Großlogenvertreter müssten sich darüber klar sein, dass die Folgen eines gesetzlichen Verbotes für die Logenmitglieder katastrophal und in ihren Auswirkungen unabsehbar seien.

Das Geheime Staatspolizeiamt Berlin verlangte von der „Großen National-Mutterloge zu den drei Weltkugeln", ihre Auflösung auf die Tagesordnung der Jahresversammlung zu setzen. Unter dem aufgezeigten Druck beschloss die Jahresversammlung, ohne Aussprache, die Selbstauflösung der Großloge. Die Versammlung wurde von mehreren Angehörigen der Gestapo überwacht.

NS-Kulturträger in Berlin...

Am 04. März 1935 wurde das Berliner Großlogengebäude der „Großen National-Mutterloge" ... überraschend durch ein von Gestapo-Beamten geführtes SA-Kommando besetzt. Die Durchsuchung wurde so gründlich durchgeführt, dass selbst Tapeten von den Wänden gerissen wurden, um angeblich dahinter verborgene Geheimfächer zu entdecken. Schließlich wurde das gesamte bewegliche Inventar mit mehreren Lastwagen abtransportiert."

Eine unverzüglich eingelegte Beschwerde hatte nur den Erfolg, dass das SA-Kommando zur Rückgabe der gleichfalls beschlagnahmten, erheblichen Weinvorräte verpflichtet wurde. Diese würden dann zurück gebracht – und Flasche für Flasche durch das geöffnete Kellerfenster geworfen. Der Großmeister Bordes und seine Frau wurden durch die Gestapo verhaftet, und in das berüchtigte Konzentrationslager im Columbia-Haus eingeliefert. Dort war bereits der Hamburger Stuhlmeister Uterhack inhaftiert.

Bei der „Großen National-Mutterloge zu den drei Weltkugeln" stellte man sich im Jahr 1935 tatsächlich die Frage, den durch die „Deutschen Christen" und Hitlers Gnade zu „Reichsbischofswürden" gelangten, früheren Wehrkreispfarrer Ludwig Müller zum Großmeister zu machen, um damit die Großloge zu retten. Müller soll angeblich die Idee nicht ohne Interesse beobachtet haben, dann aber von politischer Seite „zurückgepfiffen" worden sein.

Die Auflösung der „Großen National-Mutterloge" erfolgte, nachdem das eigene Logenhaus geplündert und versiegelt war, am 16. Juni 1935 im Haus der „Großen Loge von Preußen" in der Berliner Dorotheenstraße. Die Schlussfeier der „Großen Loge von Preußen, genannt zur Freundschaft" fand am 07. Juli 1935, die der „Großen Landesloge der Freimaurer von Deutschland" am 14. Juli 1935 statt.

So sahen die Nazis die Logen...

„Zur Stärkung seiner politischen Sicherheit versucht er (der Jude), die rassischen und staatsbürgerlichen Schranken einzureißen, die ihn zunächst noch auf Schritt und Tritt beengen. Er kämpft zu diesem Zwecke mit aller ihm eigenen Zähigkeit für die religiöse Toleranz – und hat in der ihm vollständig verfallenen Freimaurerei ein vorzügliches Instrument zur Verfechtung wie aber auch zur Durchschiebung seiner Ziele. Die Kreise der Regierenden sowie die höheren Schichten des politischen und wirtschaftlichen Bürgertums gelangen durch maurerische Fäden in seine Schlingen, ohne dass sie es auch nur zu ahnen brauchen" – dieses Zitat aus der braunen Ersatzbibel[84] legt bereits deutlich die Position der Machthaber zu den Freimaurerlogen klar.

---

[84] Adolf Hitler, „Mein Kampf", S. 345

Dies stellt beispielsweise auch der „Oberste Parteirichter"[85] deutlich heraus:

„…. Die grundsätzliche Stellungnahme der Partei zu jeder Art von Freimaurerei ist ablehnend und unveränderlich. Es liegen hier Meinungsverschiedenheiten weltanschaulicher Art vor, die zu überbrücken auch nicht durch tagelange Aussprache gelingen würde."

Das System hat die Freimaurerei, gleich dem Judentum, in eine Rolle des „symbolischen Schuldigen" gedrängt, also bequem und pauschal zum Sündenbock herabgewürdigt. Willkürliche Hausdurchsuchungen in Logenhäusern und bei Logenangehörigen waren genauso an der Tagesordnung, wie jede Form von Druck und Nötigung bis hin zur blanken Gewaltanwendung und Misshandlung. Unter diesem Druck wurden die Logen zur Auflösung gezwungen.

Die „Große National-Mutterloge zu den drei Weltkugeln" schloss ihren Tempel am 16. Juni 1935. Die „Große Loge von Preußen, genannt zur Freundschaft", hielt ihre Schlussfeier am 07. Juli 1935 ab. Beide Feiern wurden von der Geheimen Staatspolizei nicht nur überwacht, sondern noch während des Verlaufs in unwürdiger Weise hämisch kommentiert.

Das Deutsche Rote Kreuz erließ am 01. Oktober 1934 eine Verfügung, nach welcher die Mitgliedschaft in einer Freimaurerloge nicht mit der Mitgliedschaft im DRK vereinbar war. NS-Präsident des DRK war der bekannte Nazi Herzog Carl Eduard von Sachsen-Coburg-Gotha (1884-1954), welcher u.a. NSKK-Ehrenführer, SA-Ehrenführer und Mitglied des Reichstages war. Er selbst war bis 1933 Protektor der Logen in Coburg und Gotha gewesen – und sah sich nach dem Krieg selbstmitleidig und kränkelnd als Opfer seiner Zeit – verkannt in seinem angeblich steten Bemühen, schlimmeres zu verhindern…

Auch wurde bis zum 31. Januar 1938 im Bibliotheksbau des Deutschen Museums in München die Ausstellung „Der ewige Jude" gezeigt, welche das Ziel hatte, die Besucher in verlogenster Weise zu

---

[85] Walter Buch in einer „Parteiamtlichen Stellungnahme" vom 10. November 1931

beeinflussen. Arbeiter in großen Münchner Betrieben fanden Eintrittskarten in ihren Lohntüten – der Eintritt war selbstverständlich dem Lohn abgezogen worden. Ein Raum dieser Ausstellung widmete sich auch einer Freimaurerloge. Präsentiert wurden u.a. Skelette, Ketten und Kerzen!

Und auf ihren Überprüfungs-Fragebögen hatten z.B. SA-Angehörige neben ihrer „Arischen Abstammung" auch zu versichern, dass sie weder jetzt noch in der Vergangenheit einer Loge angehören oder angehört haben.

Mit dem bereits oben erwähnten Zitat aus „Mein Kampf" beginnt der scheinwissenschaftlich aufgebaute NS-Schulungsbrief VI./7. (1939) des Hauptschulungsamtes der NSDAP. Den Freimaurern werden dabei unbewiesene, verleumderische und ehrenrührige Vorgänge unterstellt, welche jeder Wahrheit entbehren. Sie werden als jüdisch-arabische Sekte dargestellt, als vaterlandsverräterische Humanisten, als orientalische Blutopferer.

Die einzig wahre Beschuldigung, welche die Freimaurerei jedoch ehrt, ist die Tatsache, dass die Freimaurer aller Logen „unverbesserliche Demokraten" sind.

Der Bau des „Tempels der Humanität" wird als unverbesserlicher, art- und rassefremder Humanismus dargestellt. Dabei ist jedoch einzig und allein richtig, dass religiöse Toleranz und Menschenachtung, über Glaubens- und Rassegrenzen hinweg, zu den Zielen der „königlichen Kunst" gehören.

In Lahr...

Im Jahr 1937 zwang die Gestapo beispielsweise den verdienstvollen Bruder A. K. , den früheren Vorsitzenden des ebenfalls zwangsaufgelösten Kränzchens „Offene Burg zur Erkenntnis", die ehemaligen Logenmitglieder anzuschreiben." Logenmaterial, Zeitschriften etc. sind bei der Gestapo Offenburg, Bezirksamt, Zimmer 25, binnen acht Tagen abzuliefern."

Doch Bruder K. war nicht der einzige der Lahrer Brüder, der direkt den Maßnahmen eines entmenschlichten Systems ausgeliefert war. Sämtliche Mitglieder des Beamtenrates – und nicht nur sie, waren teilweise mehrfachen, rabiaten Hausdurchsuchungen ausgesetzt

Mit akribischer Verfolgungswut machten sich durch schmutzig braune oder nachtschwarze Monturen groß gewordene Kleingeister auf, um alles zu beschlagnahmen, was auch nur im Entferntesten mit Freimaurerei zu tun hatte. Bei Bruder M. M. wurde selbst das Buch „Goethe als Freimaurer" beschlagnahmt.

Die Loge, als kleine Gemeinschaft wehrlos, war zum beliebten Ziel nationalsozialistischer Willkürmaßnahmen geworden.

Am 20. Mai 1933 schrieb der damalige Kreisleiter der NSDAP, Karl Franck, (eine ganz besonders herausragende Leuchte braunen Ungeistes) über Bruder Oberbraurat E. N. an die Gauleitung:

"N. war lange Jahre Meister vom Stuhl... Seine berufliche Ausbildung entspricht nicht den gestellten Anforderungen (Städt. Oberbaurat)... halten wir es doch für notwendig, dass derselbe zunächst in seiner Gehaltsstufe herabgesetzt und an einen anderen Posten versetzt wird."

Kaum zu glauben, dass der halbgebildete Agitator Franck selbst in der Lage gewesen ist, den zitierten, vermeintlich sachlichen Brief zu verfassen... Bruder N. war damals bereits 60 Jahre alt, und er war es, welcher die historische Wiederherstellung das „Alten Rathauses" in Lahr durchgeführt hat.

Bruder R. N. , Fabrikant in Lahr, erhielt am 11. Dezember 1934 folgendes Telegramm:

„geheime staatspolizei mitteilt dass inhaber firma n. r. und a. sen. hochgradige freimaurer weshalb direkte und indirekte staatsaufträge unmöglich – stopp – ministerpräsident[86] bestellt deshalb a. n. jun. hierher um lage fabrik zu besprechen ... (Die Familie N. lehnte eine Fabrikübergabe ab) ... schärfste massnahmen werden vorbehal-

---

[86] von Preußen, damals der Titel- und Uniformsammler Hermann Göring

ten – stopp – erwarte r. n. sen. und a. n. sen. donnerstag mittag reichsluftsfahrtministerium berlin reichsluftfahrtminister"

Doch damit nicht genug: Als im März 1941 ein Bruder Freimaurer (R. N.) der Hochzeit seiner Tochter mit einem leitenden Beamten der zivilen Verwaltung, welcher zugleich als „Pg." Kreisrichter der NSDAP war, in seiner Privatwohnung den Segen der Kirche erteilen ließ, schrieb der bekannte Nazi-Kreisleiter Burk an Gauleiter Robert Wagner:

„Diese bodenlose Charakterlosigkeit hat in den Kreisen der allgemeinen Pgs. ungeheurere Erregung ausgelöst, weil diese Trauung für die Kirche ein ungeheurerer Triumph ist. Das Verhalten des Pg. ... ist in meinen Augen eine Diffamierung der Partei, wie sie größer nicht vorkommen kann..."

Sein Kollege, Kreisleiter Karl Franck, in Amt und Würden von 1933 bis 1937 und auch nach den 1000. Jahren des Elends und der Barbarei noch in der Lahrer Heidenburgstraße wohnhaft, sollte übrigens nach den Krieg bestätigen, dass man den Freimaurern nie etwas Böses gewollt habe...

So dreist war die haltlose Argumentation der Gegenanwälte, die sich nicht schämten, die braunen Ungeister als Entlastungszeugen zu bemühen. Positiv muss vermerkt werden, dass trotz dieser Erpressungsmaßnahmen und Schikanen keiner der Lahrer Brüder freiwillig der NSDAP beigetreten ist. Keiner der Lahrer Logenbrüder wurde im Zuge der Entnazifizierung nach dem Krieg bestraft.

Instrument jüdischer Rache...

Reinhard Heydrich, Himmlers treuer Adlatus und eines der „Gesichter des Bösen" bewährte sich dabei in ganz besonderer Weise. Heydrich setzte Judentum und Freimaurerei gleich, sah in ihnen nur zwei Seiten einer Medaille. Als der Vertreter des Internationalen Roten Kreuzes, Carl Jacob Burckhardt, während einer KZ-

Inspektionsreise (es gab diese tatsächlich, man zeigte den internationalen Delegierten jedoch potemkinsche Dörfer angeblich gepflegter und sauberer Lager mit gesunden und kräftigen Gefangenen) in Deutschland weilte, erklärte ihm Heydrich:

„Die Freimaurer sind das Instrument der jüdischen Rache, zuhinterst in ihren Tempeln steht ein Galgen vor einem schwarzen Vorhang, der das Allerheiligste verhüllt, nur den höchsten Eingeweihten ist es zugänglich, hinter dem Vorhang steht nur das Wort „Jahwe", der eine Name, der sagt genug..."

Einige Tage danach führte der sportliche Mörder seinen Schweizer Gast durch das „Freimaurermuseum" in der Berliner Prinz-Albrecht-Straße, dem Hauptquartier der Gestapo. In einem großen Saal seien Listen, enthaltend alle Freimaurer der Welt, verwahrt. Im fensterlosen, schwarz ausgekleideten, zweiten Saal habe vollständige Dunkelheit geherrscht. Heydrich habe eine besondere Beleuchtung, heute wohl in jeder Disco als „Schwarzlicht" bekannt, eingeschaltet.

Und seinen Besucher dann durch eine Art Geisterbahn mit Kultgegenständen und Totengerippen geführt, welche sich automatisch bewegten. Dem gebildeten Akademiker Carl Jacob Burkhardt muss diese Präsentation peinlich oder lächerlich vorgekommen sein.

Dass er zu ihr geschwiegen hat, hatte sicherlich die gleiche Ursache wie sein Schweigen zu den trotz aller Tarnung erkannten Zuständen in den KZ's: Burckhardt wollte andere, die ohnehin schon in Lebensgefahr schwebten, nicht noch weiter gefährden.

Meister maßloser Anpassung

Ein kluger Kopf und Diener des Zeitgeistes war der Karlsruher Rechtsanwalt Robert Schneider, gewesenes Mitglied im Meistergrad der Loge „Leopold zur Treue" i:. Or:. Karlsruhe. Bei Aufkommen der braunen Gewitterwolken nutze er den Wetterumschwung und betätigte sich als erfolgreicher Konjunkturritter für Ludendorff, Hitler & Co.

Die dümmliche Verwerflichkeit, mit der er u.a. der Freimaurerei die Schuld an der französischen Revolution und dem Tod Ludwigs XVI. genauso unterstellt, wie die Schuld am Mord von Sarajewo und dem Ausbruch des I. Weltkriegs, ist genauso verwerflich, wie seine reißerischen „Enthüllungen" der Rituale. Sein Reden spricht für sich, deshalb hier einige Zitate:

„Die Freimaurerei hat einen schöpferischen Deutschen, wie Lessing, mit Mord bedroht..."[87]
„Bei den altpreußischen Logen wird (...) getragen wie bei den jüdischen Bnai Brith Logen..."[88]
„Als die Sozialdemokratie siegte, am 9. November 1918, waren die Führer des Sozialismus fast durchweg Juden..."[89]
„In den geheimen Feierlichkeiten in den Tempeln der Logen wird Judentum und nichts als Judentum erlebt."[90]
„...Sie haben ja auch den Sowjetstern in ihrem Freimaurertempel."[91]
„...wollen Sie bitte (...) daran denken, dass Sie sich als deutsche Menschen symbolisch dem jüdischen Schächtschnitt unterziehen".[92]
„... überall da sitzt der Freimaurer, wo man ihn nicht bekämpft."[93]
„...Diese Verblödung des Freimaurers besteht gerade darin, dass er kein Empfinden dafür hat, dass das blöde ist."[94]

---

[87] Schneider I, S. 6
[88] Schneider I, S. 7
[89] Schneider I, S. 12
[90] Schneider I, S. 3
[91] Schneider II, S. 21
[92] Schneider II, S. 22
[93] Schneider II, S. 29
[94] Schneider II, S. 29

Erwins Dom – Missbraucht!

Während der deutschen (Zwangs-)Verwaltung des wiederbesetzten Elsass in den Jahren 1940-1945 hielt sich hartnäckig das Gerücht, das Münster solle an die evangelische Kirche übergeben werden.

Das traditionsreiche Gotteshaus und elsässische Nationaldenkmal sollte wohl aber nicht an die evangelische Kirche, sondern an die Nazi-Treuen „Deutschen Christen", die davon träumten, in Straßburg die Bischofskirche für ihren nicht von der Bekenntniskirche anerkannten „Reichsbischof", den im Volksmund „Reibi" genannten früheren Wehrkreispfarrer Müller, zu finden.

Reichsbischof Müller, dem die „Gleichschaltung" der Landeskirchen misslang, versank bald nach seiner Ernennung zum Reichsbischof (1933) und preußischen Staatsrat (1933) in Bedeutungslosigkeit. Goebbels würdigte ihn 1940 in seinem Tagebuch: „Der Reichsbischof Müller hat uns nicht viel Nutzen gebracht".

Müller beging, wie seine weltlichen Herren und Meister, im Jahr 1945 übrigens Selbstmord. Der „Nationale Christliche Orden Friedrich der Große" hatte übrigens eine Zeitlang erwogen, diesem ganz besonderen Kirchenlicht die Großmeisterwürde anzubieten, um auf diesem Wege dem Verbot zu entgehen. Man verzichtete dann jedoch auf diese glanzvolle Idee.

Reichsstatthalter Robert Wagner – auch Chef der Zivilverwaltung im Elsass und als solcher für die Judendeportationen maßgeblich verantwortlich - wollte sogar noch weiter gehen:

„Das Münster ist nach meiner Meinung ein Heiligtum der gesamten deutschen Nation, das von keiner Konfession beansprucht werden kann. Ich schlage deshalb vor, dass das Reich das Münster übernimmt. Über die Verwendung des Münsters bin ich mir abschließend nicht klar. M.E. aber sollte das Münster künftig dem deutschen Soldaten gewidmet sein, der in vielen Jahrhunderten eines opferreichen Kampfes zwischen Deutschland und Frankreich doch den Sieg davongetragen hat. Vorläufig ist nach dem Befehl des Führers das Münster allen kirchlichen Handlungen entzogen."

Dieser Position des Gauleiters vom Juli 1940 hielt das Reichsinnenministerium in einer Stellungnahme an die Reichskanzlei vom August des gleichen Jahres dann entgegen:

„Über die Verwendung des Straßburger Münsters eine endgültige und ausdrückliche Entscheidung zu treffen, ist im gegenwärtigen Augenblick m.E. nicht ratsam. Die Verhältnisse im Elsass sind zurzeit noch zu sehr im Fluss, die Einwohner von Straßburg zu einem großen Teil noch nicht zurückgekehrt.

Die erste Ausrichtung der elsässischen Bevölkerung auf den Nationalsozialismus und das Großdeutsche Reich hat gerade erst begonnen.

Wenn in diesem Zeitpunkt öffentlich verkündet wird, das Straßburger Münster sei zum Nationalheiligtum des deutschen Volkes erklärt oder in eine protestantische Kirche umgewandelt worden, so wird diese Feststellung bei dem zu ¾ katholischen und bisher streng kirchlichen Elsass weittragende Folgen für die künftige Entwicklung haben können.

Dabei ist nicht zu verkennen, dass nach der Auffassung der elsässischen Bevölkerung ein Teil der katholischen Priesterschaft gegen die von Paris betriebene Verwelschung erheblichen Widerstand geleistet hat. Es würde daher im Elsass schwer verständlich sein, wenn als eine der ersten Maßnahmen die ausdrückliche Überführung des Straßburger Münsters in einen anderen als kirchlichen Zweck oder in protestantische Hände stattfindet."

Auch seitens vom braunen Zeitgeist überfremdeter Freimaurer schreckte man vor eigenwilligen Merkwürdigkeiten im Sinne des Zeitgeistes nicht zurück:

Nachdem sich freimaurerische Gruppen in „völkisch-christliche Reichsorden" umgewandelt hatten, konnten die ursprünglichen Arbeitsteppiche für die rituelle Tempelarbeit, welche Anklänge an den Tempel Salomos enthalten, nicht mehr verwendet werden.

Sie waren nicht mehr „rasserein". Alttestamentarisches musste möglichst durch nordisch-germanisches Symbolgut ersetzt werden. So wurde dann auf den Trümmern des Tempels Salomos ein „deutscher Dom" errichtet, welcher sauber in die neuen Arbeitsteppiche eingewebt wurde. Variantenreich, aber stets als solches erkennbar, wurde dabei das Straßburger Münster eingewebt.[95]

Himmlers „Ariosophie der SS"

An Stelle christlicher oder humanistischer Ideale setzte der Reichsführer SS, Heinrich Himmler, eine rassistische und menschenverachtende Ariosophie der SS, welche allein der eigenen Machtfestigung und Gewaltverherrlichung dienen sollte. Menschenverachtung und Massenmord sollten so durch eine arische Moral legitimiert werden. Sie zu vertiefen, wäre unangemessene Überbewertung und offene Blasphemie.

Von Interesse sind jedoch die äußeren Formen, welche sich Himmler, inspiriert durch seinen „Rasputin" Karl Maria Wiligut (als SS-Offizier im Generalsrang unter dem Namen Weisthor), nicht nur bei den christlichen Kirchen schlicht abgekupfert hat.

So feierte Himmler am 02. Juli 1936 im Quedlinburger Dom eine abstruse „Weihestunde", durch die an den deutschen König Heinrich I. erinnert werden sollte. Sein 1000. Todestag sollte den lebenden SS-Heinrich verherrlichen helfen. Das Hochamt des Nazismus wurde ein Jahr später wiederholt, als der lebende Heinrich ergriffen die Gebeine des toten Heinrich nochmals zur letzten Ruhe bettete.

Und selbst für den allerkleinsten SS-Nachwuchs ließ Himmler Rituale entwerfen: Die SS-Namensweihe sollte an Stelle der christlichen Taufe treten – mit hakenkreuzgeschmücktem Altar und Hitler-Bild an Stelle der Darstellung des gekreuzigten Erlösers. Nicht zu vergessen die Wewelsburg in Ostwestfalen: Sie sollte zum SS-Kultzentrum umgebaut werden, ein SS-Vatikan mit Krypta für gefallene SS-Offiziere und marmorgetäfelten Weihesälen. Und damit das Weihnachtsfest der entchristlichten Gesellschaft keinen Abbruch mehr

---

[95] QC Niemeyer, 44 / 2007, 238

tun möge, erdachten sich Himmlers Ritualkundler neue Formen für die „Julfeier".

Allein die Tatsache dieser intoleranten, vermeintlichen Ersatzreligion macht deutlich, dass Freimaurerei und Nationalsozialismus unvereinbar miteinander sind. Denn schon die „Alten Pflichten" legen fest:

„Der Maurer ist als Maurer verpflichtet, dem Sittengesetz zu gehorchen; und wenn er die Kunst recht versteht, wird er weder ein engstirniger Gottesleugner, noch ein bindungsloser Freigeist sein."

Neben zahllosen anderen Gruppen, welche den NSDAP-Machthabern ein Dorn im Auge waren, weil sie sich nicht ihrer menschenverachtenden Politik unterwerfen wollten, wurden auch die Freimaurer vom Sicherheitsdienst der SS beobachtet, der seine Beobachtungen in geheimen Lageberichten zusammengefasst hat.

Dabei wurde in den SS/SD Berichten zur Freimaurerei fein säuberlich unterschieden zwischen den sog. „Altpreußischen Logen", welche zum Teil versucht hatten, sich durch Umwandlung in „Deutsch-Christliche Orden" –und damit Aufgabe freimaurerischer Prinzipien – der Auflösung zu entziehen, und den sog. „humanitären Logen".

Während man davon ausging, dass die „Altpreußischen Logen" sich aus Angehörigen des nationalen Bürgertums zusammensetzen, sah man in den humanitären Logen die Elemente, welche sich aus „jüdisch beeinflussten Wirtschaftskreisen und früheren Demokraten" zusammensetzten. Aufmerksam beobachtete man auch den „Schottischen Ritus", der sich „als Hochgradmaurerei aus ausgesprochenen Pazifisten zusammensetzt."

Die Nazis beobachteten mit Argwohn, dass sich zahlreiche Logenbrüder nach dem Verbot immer wieder zu örtlichen Stammtischen, geselligen oder familiären Anlässen trafen. Heftig kritisiert wurden im Jahre 1938 vor allem die philosophischen Vorträge des als „Hochgradfreimaurer" bezeichneten Dr. Horneffer. Tatsache ist, dass die Vorträge Horneffers den Nazis ein Dorn im Auge waren, denn sie „dienten der Festigung freimaurerischer Ideologien und indirekt dem Zusammenhalt ehemaliger Freimaurer. Die SS war jedoch nicht in der Lage, über wesentliche Versuche zur Wiederherstellung des organisatorischen Zusammenhalts der Freimaurer zu berichten.

Mit Argwohn gab man jedoch der Befürchtung Ausdruck, dass ein großer Teil ehemaliger Freimaurer auf allen Gebieten des öffentlichen Lebens an Einfluss gewonnen habe. Leider sei die beabsichtigte, völlige Ausschaltung der Freimaurer aus dem öffentlichen Leben nicht gelungen, weil man die geplanten Maßnahmen „nicht mit aller Schärfe" durchgeführt habe.

Eine einschneidende Änderung habe dann die „Amnestieverfügung" Hitlers vom 27. April 1938 gebracht, welche sich aber nur auf die NSDAP bezog und dabei auf jene Freimaurer, welche in den ersten drei Graden gearbeitet hätten und keine Logenämter wahrgenommen haben.

Die Möglichkeit, Wideraufnahme in die NSDAP zu finden, soll teilweise genutzt worden sein. Wohl weniger freiwillig, als unter teilweise recht massivem Druck. In vielen Fällen, so die Nazi-Spitzel, habe man beobachtet, dass beispielsweise bei der Übernahme in den Staatsdienst die entsprechenden Fragebogen bewusst unrichtig ausgefüllt worden seien. Die äußere Amnestie war jedoch intern mit der Weisung verknüpft worden, ehemalige Freimaurer in jedem Fall von wichtigen Ämtern fern zu halten.

In Kreisen der ehemals „Altpreußischen Logen" wurde jedoch mit Bitterkeit diskutiert, dass die Amnestie die „viel gefährlicheren, humanitären Logen bevorzuge", welche nur in drei Graden arbeiten. Das Verhalten der Freimaurer bewies nach Ansicht der SS-Spitzel, dass ihnen jeder organisatorische Zusammenhalt verloren gegangen sei, seien doch ihre Stellungnahmen zu Fragen des öffentlichen Lebens völlig uneinheitlich. Einheitlich sei nur die Ablehnung aller gegen die Juden gerichteten Aktionen, was man auf die „philanthropischen Grundlagen der Freimaurerei" zurückführte.

Der „Mangel eigener Organisationen" sei für „unverbesserliche Freimaurer" oft ein Grund, sich anderen, oppositionellen Gruppen anzuschließen. Hier wurde vor allem die Unterstützung der oppositionellen Kirchen beklagt. Dem Nationalsozialismus feindlich gesinnte Angehörige der „altpreußischen Logen" würden sich verstärkt sog. „reaktionären Verbänden" anschließen.

Große Fortschritte, berichten die SS-Spitzel stolz, würde die antifreimaurerische Propaganda machen. Gelobt wird insbesondere das „Logenmuseum" in Nürnberg, das die Nazis errichtet hatten und das angeblich erstmals die breite Öffentlichkeit umfassend über die „jüdischen Ideen und Ziele der Freimaurerei" unterrichtet. Dass es in Bayreuth bereits seit langem ein Logenmuseum gegeben hatte, das die Nazis brutal ausplünderten und damit unwiederbringliche Werte zerstörten, wurde selbstverständlich verschwiegen.

Schwer lastete man den Freimaurern auch an, dass amerikanische Brüder, um den verfolgten Brüdern im „ins Reich heimgekehrten Österreich" zu helfen, rund Dollar 20.000.- gesammelt hatten. Heftige Kritik erntete auch die Schweizer Großloge „Alpina", die sich in zahlreichen Zusammenkünften mit „deutschfeindlichen Themen" befasst haben soll.

Der I. Vierteljahresbericht des Jahres 1939 enthält keinerlei Hinweise auf die deutsche Freimaurerei mehr, allerdings zahlreiche Hinweise auf das Logenverbot in Polen und die erzwungene Selbstauflösung der Freimaurerei in der Tschechoslowakei. Heftige Angriffe richten sich wiederum gegen die Brüder in den USA und in der Schweiz, die sich oft gegen den Nationalsozialismus engagieren würden. Auffällig sei auch, dass die „größten, englischen Hetzer gegen Deutschland", Winston Churchill und Antony Eden, Hochgradfreimaurer seien.

Bis zum Januar 1940 schweigen dann die Lageberichte des SD. Entweder es war den Nationalsozialisten gelungen, tatsächlich jede Form freimaurerischer Zusammenkünfte zu verhindern, oder die Bruderkette lebte im Stillen verborgen weiter. Im Januar 1940 wird dann jedoch wieder behauptet, die schlechte Kohlenversorgung Berlins sei insbesondere auf Sabotageakte ehemaliger Freimaurer zurückzuführen. Dies mag vielleicht damit zusammenhängen, dass nach Ansicht der Nazis insbesondere bei der Reichsbahn viele Freimaurer tätig gewesen sein sollen.

Die Freimaurerei findet erst im April 1940 wieder Eingang in die Lageberichte. Nach dem Einmarsch der deutschen Truppen in Dänemark soll ein Kreisleiter der NSDAP-N (wohl der NSDAP-AO (Auslandsorganisation), welche auch in Nordschleswig tätig war), eigenmächtig die Räume der Loge in Apenrade durchsucht haben. Dabei könnte es sich um die Räume der 1899 in Apenra gegründeten Loge „St. Nicolaus" handeln, einer Johannisloge, die „Det Danske Frimurerlaug G.F.&A.M." angehört.

Die allgemeine Kriegslage führte dazu, dass die zuvor aus dem öffentlichen Dienst entfernten Freimaurer ab Herbst 1940 wieder Verwendung in der öffentlichen Verwaltung fanden. Allerdings wird es als gefährlich angesehen, dass Brüder, welche den 5. Grad erlangt haben, wieder in den öffentlichen Dienst einzogen. Zumindest hätte man nach Meinung überzeugter Nazis diese Brüder in Ämtern verwenden müssen, welche einstufungsmäßig unter denen lagen, aus denen man sie zuvor verjagt hatte…

Im Juli 1941 wird gemeldet, dass die Darstellungen Roosevelts als Freimaurer in der Propaganda „beste Aufnahme" gefunden hätten. Roosevelt sei mit der Freimaurerei und dem Weltjudentum aufs engste verbunden. Allerdings sei auch geäußert worden, „dass wir wohl gerade immer dann Material finden, wenn die Propaganda es braucht." Weiterhin wird teilweise in der Verbreitung des Bildes, das Roosevelt als „Hochgradfreimaurer" darstellt, eine pressemäßige Vorbereitung des Kriegseintritts gegen die USA gesehen.

Insgesamt ist man bestrebt, den USA jüdisch-freimaurerische Tendenzen zu unterstellen. Letztmalig finden die Freimaurer im Februar 1944 Eingang in die Lageberichte, nachdem zuvor in der Presse im Zusammenhang mit der politischen Entwicklung in Italien Berichte unter dem Titel „Wühlarbeit der Freimaurer in Italien" lanciert worden waren. Damit sollte den Freimaurern die Schuld an den Zuständen in Italien untergeschoben werden.

Weiterhin wird die Freimaurerei in den geheimen Lageberichten der SS, welche nur einem ausgewählten, eng begrenzten Personenkreis persönlich zugestellt wurden, nicht mehr erwähnt. Sie scheint für die Nationalsozialisten nicht mehr interessant gewesen zu sein, nicht einmal mehr als Sündenbock.

Jedoch werden in den Todeslagern der Nazis, genauso wie in den Folterkellern der Gestapo, neben unzähligen anderen Menschen auch viele Freimaurerbrüder zu Tode gequält. Stellvertretend für alle, deren die Freimaurer noch heute ehrend gedenken, ist hier des Bruders Carl von Ossietzky zu gedenken, der mit dem Friedensnobelpreis ausgezeichnet worden war.

Als bezeichnend für die Position des Nazis zu den Freimaurern sei hier abschließend ein Befehl eines SA-Führers (Führer der Gruppe „Nordsee") zur „Reichskristallnacht" zitiert: „Jüdische Synagogen sind sofort in Brand zu stecken. Die Feuerwehr darf nicht eingreifen. Der Führer wünscht, dass die Polizei nicht eingreift. Sämtliche Juden sind zu entwaffnen, bei Widerstand sofort über den Haufen zu schießen. Dies kann auch erweitert werden auf die Freimaurerei."

1740 Friedrich der Große zu Besuch

Am 15. August 1740 kam die Gruppe in Leipzig an, um von dort aus nach Bayreuth, sozusagen zu einem Verwandtenbesuch, weiterzureisen. Am 17. August dort angekommen, reiste man über Würzburg und Frankfurt am Main, Durlach und Rastatt weiter nach Kehl, wo die Reisenden am 23. August 1740 eintrafen und von hier aus Strasbourg einen Besuch abstatteten.

Dort stieg Graf Dufour im Gasthof „Zum Heiligen Kreuz" ab, Graf Schaffgotsch im Gasthof „Zum Raben". In ihrer Begleitung befand sich auch ein Herr von Pfuhl, welcher eigentlich Algarotti hieß und zum engsten Kreis um den preußischen König Friedrich II. gehörte.

Auch Prinz Leopold von Anhalt-Dessau[96] soll den Abstecher nach Frankreich mitgemacht haben. Unbekannt auch, wie groß das Gefolge der reisenden Grafen ansonsten noch war.

Hinter Graf Dufour aber verbirgt sich kein geringerer als Friedrich der II., genannt der Große (1712-1786), König von Preußen, höchstderoselbst, welcher erst am 01. Juni 1740 nach dem Tode seines Vaters Friedrich Wilhelm I. (der an anderen Höfen der „königliche Sergeant" genannt wurde) den Thron bestiegen hatte, und hinter Graf

---

[96] Was aber zu bezweifeln ist: Leopold Ludwig Reichsgraf von Anhalt-Dessau, illegitimer Sproß des Erbprinzen Wilhelm Gustav von Anhalt Dessau aus der heimlichen Ehe mit einer Bauerntochter, war im Jahre 1740 gerade 11 Jahre alt. Es kann sich eigentlich nur um Moritz Prinz von Anhalt-Dessau gehandelt haben, Sohn des Fürsten Leopold von Anhalt-Dessau und der Apothekertochter Anna Louise Föhse. Er wurde im Jahr 1712 geboren, nahm 1735 am Feldzug am Rhein teil, wurde 1745 Generalleutnant und 1757 Generalfeldmarschall. Inhaber des Schwarzen Adlerordens. Vgl. hierzu Anhalt, Friedrich Reichsgraf von, bis Anhalt-Dessau, Moritz Prinz von, in: Deutsche Bibliographische Enzyklopädie, K.G. Saur Verlag 1998, Taschenbuchausgabe gemeinsam Deutscher Taschenbuch-Verlag und K. G. Saur Verlag 2001, hier: Band 1, Seite 137 f.

Schaffgotsch verbarg sich sein Bruder und präsumtiver Thronfolger, Prinz August Wilhelm (1722-1758).

Das Verhältnis der beiden Brüder, welches sich noch erheblich abkühlen sollte (ab 1746), scheint zu dieser Zeit noch ungetrübt gewesen zu sein. Die Charakterzüge „Friedrichs des Einzigartigen" waren zu jener Zeit noch jugendlich-offen – im Alter sollten sie jedoch in bezeichnender Art denen seines Vaters, des Soldatenkönigs, immer ähnlicher werden.

Die Reisenden königlichen Gebluts verweilten bis zum 26. August in Strasbourg[97]. Hierin sind sich alle Quellen einig.

Wir reisen unerkannt...

Dass Regenten und Könige inkognito unter einem Aliasnamen reisten, war nichts Ungewöhnliches. Dies praktizierte bereits Richard Löwenherz (1157-1199), welcher sich auf seinen Reisen gerne als einfacher Tempelritter ausgab[98]. Zar Peter I. von Russland (1672-1725), ebenfalls wie Friedrich II. mit dem Beinamen „der Große" geehrt, sammelte als Zimmermann in den Jahren 1697/1698 in den Niederlanden Erfahrung[99], wie beispielsweise Gustav Albert Lortzing (1801-1851) in seiner Oper „Zar und Zimmermann" dies treffend beschrieb. Peter der Große reiste dabei wie stets unter dem Namen Pjotr Michajlow[100].

Kaiser Josef II. (1741-1790), Sohn Maria Theresias (1717-1780) und als Habsburger auf dem deutschen Kaiserthron, reiste gern

---

[97] Zu den Zeitangeben insbesondere Karl Heinrich Siegfried Rödenbeck, Tagebuch oder Geschichtskalender Friedrichs des Großen Regentenleben (1740-1786), erster Band, enthaltend die Jahre 1740-1759, Verlag der Plahn'schen Buchhandlung Berlin 1840, S. 19.
[98] Monika Hauf: Der Mythos der Templer, Patmos Verlag / Albatros Verlag Düsseldorf 2003, S. 241.
[99] Valentin Gitermann, Geschichte Russlands, Band II von III Bänden, Büchergilde Gutenberg / Athenäum Verlag Frankfurt am Main 1987, S. 61.
[100] Valentin Gitermann, Geschichte Russlands, Band II von III Bänden, Büchergilde Gutenberg / Athenäum Verlag Frankfurt am Main 1987, S. 56.

unter dem Pseudonym eines Grafen von Falkenstein, um relativ unerkannt seine Länder inspizieren zu können[101].

Und Markgraf Karl Friedrich von Baden (1728-1811), seit 1806 erster, badischer Großherzog, trat am 05. Juni 1761 unter dem Namen „Graf von Eberstein" nicht nur mit seiner Frau, Markgräfin Karoline Luise geb. Prinzessin von Hessen-Darmstadt (1723-1783), sondern auch mit den markgräflichen Prinzen eine Reise nach Paris an.[102]

Auf dem Weg zu seinem fehlgeschlagenen Staatsstreich nach Strasbourg im Jahre 1838 nannte sich Louis Napoleon Bonaparte (1808-1873), der spätere französische Kaiser Napoleon III., nach einem Herren von Sigmaringen[103].

Und selbst noch zu Beginn des 20. Jahrhunderts reiste der russische Großfürst Pjotr Nikolajewitsch (1864-1931), ein Enkel des Zaren Nikolaus I. (1796-1855) unter dem Decknamen eines Grafen Djulber. Die Anregung dafür hatte ihm der Namen eines seiner Güter gegeben.[104]

Auch die Auswahl der königlichen „Decknamen" ist übrigens nicht ohne ein gewisses, geschichtliches Interesse:

Graf Dufour nannte sich der König selbst. Er wählte damit den Namen eines Hugenottengeschlechts, welches seit dem 17. Jahrhundert im Raum Leipzig ansässig war, und dort u.a. im Rohseidenhandel und in Bankgeschäften recht erfolgreich tätig war. Die Familie

---

[101] Konrad Kramer / Petra Stuiber: Die schrulligen Habsburger – Marotten und Allüren eines Kaiserhauses, Weltbild-Verlag Augsburg 2003, S. 102.
[102] Borchardt-Wenzel, Annette: Die Frauen am badischen Hof, Piper-Taschenbuch München und Zürich 2003, S. 54.
[103] Rieder, Heinz: Napoleon III.: Abenteurer und Imperator, Casimir Katz Verlag Gernsbach 1989, S. 63.
[104] Prinz Roman Romanow,: Am Hof des letzten Zaren, herausgegeben von Prinz Nikolai und Prinz Dimitri Romanow, Taschenbuchausgabe Piper-Verlag Zürich 1997, S.129 ff.

führte zwar keinen Grafentitel, gehörte jedoch zur wirtschaftlichen Elite ihrer neuen Wahlheimat[105].

Graf Schaffgotsch war der Deckname des Prinzen August Wilhelm. Der wohl – nicht nur zu jener Zeit – bekannteste Graf Schaffgotsch war Philipp Gotthard Graf von Schaffgotsch[106] (1716-1796), 1738 in Wien zum Priester geweiht. Schaffgotsch trat 1740, nach der Annexion Schlesiens, auf die Seite Friedrichs II., wurde 1743 Abt des Sandstiftes, 1744 Bischofskoadjutor des Kardinals Sinzendorf, 1747 Fürstbischof von Breslau.

Er überwarf sich später, nach Ausbruch des Siebenjährigen Krieges, mit Friedrich II., so dass das Bistum nach Friedensschluss 1763 unter staatlicher Zwangsverwaltung blieb. 1766 schließlich zog sich Schaffgotsch auf sein in österreichischem Territorium gelegenes Schloss Johannesberg zurück und beschränkte sich auf die Verwaltung der österreichischen Teile seines Bistums.

Interessant ist fernerhin, dass Phillip Gotthard Graf Schaffgotsch[107], Fürstbischof von Breslau, noch als Abt und Domkanonikus Mitglied der Freimaurer-Loge „Zu den drei Totengerippen" in Breslau geworden war. Friedrich der Große[108] war bekanntlich bereits seit 1738 Mitglied des Freimaurerbundes geworden, brachte die Freimaurerei nach Berlin und hielt in Charlottenburg selbst Loge. Er hatte

---

[105] Dufour-Feronce, Albert Johann Markus, in: Deutsche Bibliographische Enzyklopädie, K.G. Saur Verlag 1998, Taschenbuchausgabe gemeinsam Deutscher Taschenbuch-Verlag und K. G. Saur Verlag 2001, hier: Band 2, S. 664.

[106] Schaffgotsch, Phillipp Gotthard Graf von, in: Deutsche Bibliographische Enzyklopädie, K.G. Saur Verlag 1998, Taschenbuchausgabe gemeinsam Deutscher Taschenbuch-Verlag und K. G. Saur Verlag 2001, hier: Band 8, S. 556.

[107] Vgl. Lennhoff / Posner / Binder, Internationales Freimaurer-Lexikon, überarbeitete und erweiterte Neuauflage der Auflage von 1932, F.A. Herbig Verlagsbuchhandlung München 2002, Artikel „Schaffgotsch, Phillip Gotthard", S. 744.

[108] Vgl. Lennhoff / Posner / Binder, a.a.O., Artikel "Hohenzollern, 1. Friedrich II. (der Große)", S. 398.

auch selbst seinen Bruder Wilhelm[109] in den Freimaurerbund aufgenommen.

Graf Schaffgotsch wiederum soll der Stifter der in seinem Auftrag von den Grafen Hoditz und Grossa in Wien gegründeten Loge „Zu den drei Kanonen" sein, welcher auch Kaiser Franz I.[110] angehört haben soll. Dieser soll im Jahre 1731 in Den Haag, noch als Herzog vom Lothringen, von Vertretern der englischen Großloge aufgenommen worden sein, jedoch im Gegensatz zu Friedrich dem Großen dem Bund nicht aktiv angehört haben.

Im Gegensatz zu diesen „Geistesverbindung", welche freilich die Kriege Friedrichs des Großen und Maria Theresias, der Gattin Franz I., nicht verhindern konnten, war Frankreich[111] ganz „Antifreimaurerisch" eingestellt: Adlige, welche den Logen angehörten, wurden des Hofes verwiesen, und bereits am 14. September 1737 hatte der Generalleutnant der Polizei, René Herault, ein Verbot aller Freimaurer-Zusammenkünfte erlassen. Ein Gastwirt, der sich an das Verbot nicht gehalten hatte, wurde mit der ungeheuren Geldbuße von 1.000 Livres belegt, und sein Lokal für ein halbes Jahr geschlossen. In dieser Zeit wurde ihm der Zugang zu den Gasträumen einfach zugemauert.[112]

Von Interesse sind aber vor allem die recht unterschiedlichen Beschreibungen des Verlaufs des Besuchs des Preußenkönigs in Kehl, welche manchen Anlass zur historischen Spekulation geben können – auf den Lauf der Geschichte jedoch keinen Einfluss hatten.

Ob Friedrich II. im Rahmen seiner Inkognitoreise jene Vorsätze gefasst hat, welche er zwölf Jahre später seinem politischen Tes-

---

[109] Vgl. Lennhoff / Posner / Binder, a.a.O., Artikel „Hohenzollern, 2. Wilhelm, Prinz von Preußen", S. 398.
[110] Vgl. Lennhoff / Posner / Binder, a.a.O., Artikel „Lothringen, 1. Franz Stephan von, als Kaiser des Heiligen römischen Reiches (1745) Franz I.", S. 526.
[111] Vgl. Lennhoff / Posner / Binder, a.a.O., Artikel „Frankreich", S. 293 ff., insbesondere S. 294.

tament von 1752 anvertraut hat[113]: „ Schlesien und Lothringen sind zwei Schwestern, von denen die ältere Preußen, die jüngere Frankreich geheiratet hat. Dieser Bund zwingt sie zu gleicher Politik. Preußen darf nicht ruhig zusehen, dass Frankreich Elsass oder Lothringen verliert…". Die Nachkommen des großen Königs sollten dies anders sehen.

Ankunft in Kehl

Gleich nach der Ankunft des Königs in Kehl, als Friedrich II. eine Einkehr hielt, machte der dortige Wirt (oder war es der Herbergswirt, welcher gleichzeitig auch Posthalter[114] war) seine Gäste darauf aufmerksam, dass man für die Einreise nach Strasbourg einen Pass benötigen würde.

Der königliche Kammerdiener musste also einen Pass aufsetzen, welcher sofort mit dem königlichen Siegel versehen wurde, und welchen Friedrich der Große höchsteigenhändig unterschrieb. Diese außergewöhnliche und abgekürzte Verfahren machte den Gastgeber stutzig, der bald erriet, wer unter seinen Gästen weilte. Man soll Mühe gehabt haben, „den Hocherfreuten zum Stillschweigen zu bringen[115]."

Eine Nacht soll man in Kehl verbracht haben, wobei es sich der König nicht nehmen ließ, noch am Abend über die lange Rheinbrücke nach Strasbourg hinüber zu blicken.[116]

Nach Straßburg…

Bei der Grenzkontrolle muss der vom König selbst unterzeichnete Ausweis, was auch für damalige Zeiten äußerst merkwürdig war, wohl kein Aufsehen erregt haben. Sofort nachdem man in Stras-

---

[113] Friedrich der Große: Das politische Testament von 1752, Reclam-Universalbibliothek Stuttgart 1974, S. 66 f.
[114] Thomas Carlyle: Geschichte Friedrichs des II., genannt Friedrich der Große, 3. Auflage, 3. Band, R. v. Decker Verlag Berlin 1917, S. 53.
[115] Franz Kugler / Adolph von Menzel: Geschichte Friedrichs des Großen, Verlag E.A. Seemann, Köln 1988, S. 150 f.
[116] Thomas Carlyle: Geschichte Friedrichs des II., genannt Friedrich der Große, 3. Auflage, 3. Band, R. v. Decker Verlag Berlin 1917, S. 51.

bourg Logis bezogen hatte, ließ sich Friedrich II. Kleidung im französischen Stil, ganz nach neuester Mode, anfertigen. Danach kehrte er in einem Kaffeehaus ein, wo er die Bekanntschaft französischer Offiziere machte, welche er zu sich zur Abendtafel bat. Nach anderen Quellen soll er seinen Herbergswirt gebeten haben, Offiziere zu seiner Abendtafel zu bitten[117].

Die vorzügliche Tafel, Geist und Anmut der Unterhaltung sollen die Gäste sehr beeindruckt haben. Angeblich soll Friedrich II., ein großer Freund der französischen Kultur und Sprache und auch des großen Voltaire, Zeit seines Lebens besser französisch als deutsch gesprochen haben. Eine Tatsache, welche viele seiner späteren Verehrer, insbesondere jene, welche ihn für eigene, politische Zwecke missbrauchten, konsequent zu verschweigen suchten.

Den fröhlichen und zufriedenen Gästen soll es an diesem Abend nicht gelungen sein, das Geheimnis ihres Gastgebers zu lüften. Am kommenden Tage aber habe König Friedrich II. die Parade besucht – und dort sei dann von einem Soldaten, welcher zuvor in preußischen Diensten gestanden habe, das Inkognito gelüftet worden.[118]

Wahrscheinlicher erscheint jedoch, dass die eingeladenen Offiziere Verdacht schöpften, und zu diesem Zwecke am folgenden Abend, anlässlich ihrer Gegeneinladung an den König, gezielt einen preußischen Deserteur ihres Regiments wohl zum Ordonnanzdienst heranzogen. Dieser erkannte dann Friedrich II. Die Reaktion des Königs: Er reiste sofort am kommenden Morgen, gleich bei Öffnung der Tore, wieder ab. Marschall de Broglie soll so erst nach der Abreise von seinem hohen Gast erfahren haben.[119]

---

[117] Karl Heinrich Siegfried Rödenbeck, Tagebuch oder Geschichtskalender Friedrichs des Großen Regentenleben (1740-1786), erster Band, enthaltend die Jahre 1740-1759, Verlag der Plahn'schen Buchhandlung Berlin 1840, insbesondere die Fußnote auf Seite 19.

[118] so Franz Kugler / Adolph von Menzel: Geschichte Friedrichs des Großen, Verlag E.A. Seemann, Köln 1988, S. 150 f.

[119] Karl Heinrich Siegfried Rödenbeck, Tagebuch oder Geschichtskalender Friedrichs des Großen Regentenleben (1740-1786), erster Band, enthaltend

Andere Quellen berichten, Marschall de Broglie, der französische Gouverneur von Strasbourg, habe es sich nach der Lüftung der Tarnung des Gastes nicht nehmen lassen wollen, den König mit den ihm zukommenden Ehren zu empfangen, und ihn selbst durch die Festung geführt. Der Schneider habe die Bezahlung der gelieferten Kleider abgelehnt, sei es ihm doch Ehre genug gewesen, für den Preußenkönig arbeiten zu dürfen. Am Abend habe man in den Straßen Strasbourgs dann Freudenfeuer angezündet[120]…

Andere Berichte wiederum führen aus, Gouverneur de Broglie habe den unbekannten Grafen, ohne ihn zu erkennen, höchstpersönlich durch die Zitadelle geführt.[121] Und eine weitere Version lautet dahin, dass die geladenen Offiziere ihrem Kommandanten de Broglie über den merkwürdig großzügigen, unbekannten Gastgeber berichtet haben. Dieser habe seine Offiziere zur Vorsicht gemahnt, jedoch habe sich das Problem dadurch gelöst, dass Friedrich der Große zwischenzeitlich bei einem Stadtbummel durch Strasbourg erkannt worden sei, und nunmehr, ganz Gentleman seiner Zeit, dem Marschall de Broglie artig einen kurzen Besuch abgestattet habe,[122] wie dies unter ritterlichen Ehrenmännern damals noch üblich war.

Nach einer weiteren Version soll man sich, nachdem man gemeinsam mit Marschall de Broglie getafelt hatte, mit diesem sogar zur Komödie verabredet haben, und, unter Nichteinhaltung der Verabredung, dann schleunigst abgereist sein.[123]

---

die Jahre 1740-1759, Verlag der Plahn'schen Buchhandlung Berlin 1840, insbesondere die Fußnote auf Seite 19.
[120] Franz Kugler / Adolph von Menzel: Geschichte Friedrichs des Großen, Verlag E.A. Seemann, Köln 1988, S. 150 f.
[121] Wolfgang Venohr: Fredericus Rex, Bastei-Lübbe-Taschenbuch, Bergisch Gladbach 1990, S. 36 f.
[122] Winfried Hartmann: Der Alte Fritz in Anekdoten, Ullstein-Verlag Berlin 1992, Seite 112 f.
[123] Thomas Carlyle: Geschichte Friedrichs des II., genannt Friedrich der Große, 3. Auflage, 3. Band, R. v. Decker Verlag Berlin 1917, S. 53 ff.

Von Strasbourg abwärts reiste der König dann mit seinem Gefolge in das preußische Wesel. Ob es stimmt, dass der König eigentlich auch inkognito nach Paris habe reisen wollen, muss dahingestellt bleiben.

Die Reise scheint jedoch für den König und sein Gefolge nicht besonders angenehm gewesen zu sein, denn in einem am 02. September in Wesel verfassten Brief an Voltaire berichtete Friedrich II. über „Entsetzliche Wege, schlechte Kost, schlechtes Getränk"[124]. Dies galt zumindest für die Strecke bis Kehl. Der König hätte vielleicht einen längeren Aufenthalt im Hanauerland oder im Elsass nehmen müssen, denn dann hätte es sich unschwer vom Gegenteil überzeugen können, zumindest was Kost und Getränk betrifft.

Bei seinem Besuch in Kleve ging für Friedrich den Großen dann ein lange gehegter Wunsch in Erfüllung: Er traf am 11. September 1740 auf Schloss Mayland[125] bei Kleve den hochverehrten Voltaire, Beginn oder Fortsetzung einer wechselvollen Beziehung zweier Philosophen.

---

[124] Thomas Carlyle: Geschichte Friedrichs des II., genannt Friedrich der Große, 3. Auflage, 3. Band, R. v. Decker Verlag Berlin 1917, S. 57.
[125] Hans Pelschinski: Aus dem Briefwechsel Voltaire – Friedrich der Große, Büchergilde Gutenberg / Haffmanns Verlag AG Zürich 1992, S., 195.

Quellen:

Archiv der Freimaurerloge „Zur edlen Aussicht" in Freiburg im Breisgau.

Archiv der Freimaurerloge „Allvater zum freien Gedanken" in Lahr (mit den Beständen der Tochterlogen „Erwin" in Kehl und „Offene Burg zur Erkenntnis" in Offenburg).

Archiv der Freimaurerloge „Badenia zum Fortschritt" in Baden-Baden.

Archiv der Freimaurerloge „Eifel" in Kehl am Rhein.

Archiv des Deutschen Freimaurermuseums in Bayreuth.

Archiv der Stadt Lahr.

Auskunft des Archivs und Museums der Stadt Kehl, Frau Dr. Ute Scherb, an den Verfasser vom 06. März 2011.

Auskunft des Archivs und Museums der Stadt Offenburg, Herr Dr. Wolfgang Gall, an den Verfasser vom 17. April 2008.

Geheimes Staatsarchiv – Preußischer Kulturbesitz in Berlin.

Mein Dank gilt ferner dem ungenannt bleiben wollenden Br:. C.F.L., der mir wieder großzügig Einsicht in sein Archiv, seine Bibliothek und seine Sammlung gewährt hat.

Literaturverzeichnis:

„**Antiker Schutt und Merksteine**" (1892): Geschichte der Loge „An Erwins Dom" i.Or. Straßburg 1882-1892. Straßburg 1892, Manuskript.

Badens Diener: Handbuch für Baden und seine Diener, Verzeichnis aller badischen Diener vom Jahr 1790 bis 1840, nebst Nachtrag bis 1845, Heidelberg 1846.

Bartholdy (Altstuhlmeister): Aus der Jugendzeit der Loge „Zum treuen Herzen" i.O. Straßburg i.El., Erinnerungen in gebundener und ungebundener Rede. Gedruckt mit Genehmigung der Großloge vom 19. November 1903 zur Verbreitung unter Brüder Freimaurern. Straßburg im Elsass 1904, Verlag von Br:. Fr. Engelhardt.

Batzer, Ernst: Ein Bericht über die Gefangennahme des Herzogs von Enghien in Ettenheim; Die Ortenau – Jahrbuch des historischen Vereins für Mittelbaden; Vol. 18 (1931); p. 177-182. Offenburg, Verlag des Historischen Vereins für Mittelbaden 1931.

Becke-Klüchtzner, E. von der: Stammtafeln des Adels des Großherzogtums Baden, Baden-Baden 1886.

Bergmann, Karl: Festgabe für die erste Säkular-Feier der gerechten und vollkommenen St. Johannis-Loge „Der Pilger" Nr. 238, London 1879, Handschrift für Brüder Freimaurer.

Braun, Rainer: Freimaurer im Parlament des Bundeslandes Baden-Württemberg und seiner Vorläufer seit 1818. Jahrbuch für Freimaurerforschung (Bayreuth / Würzburg) Vol. 45 / 2008, p. 167-226.

Brauer, Johann Nikolaus Friedrich: Gedanken über einen Kirchenverein beider protestantischer Religionspartheien. Karlsruhe, Verlag Macklot 1803.

Cast, Fr.: Historisches und genealogisches Adelsbuch des Großherzogtums Baden, Stuttgart 1845.

Dendl, Jörg: Freimaurer in Lahr – Ein Spaziergang auf den Spuren der Loge „Allvater zum freien Gedanken", in „Der Storchenturm" Jahrgang 15/12 (2005) und 16/01 (2006), Verlag des Lahrer Anzeiger GmbH in Lahr.

Dosch, Reinhold: Deutsches Freimaurerlexikon, Edition zum Rauen Stein, Studienverlag Innsbruck 2011, 2. Neu bearbeitete Ausgabe der Auflage im Bauhütten-Verlag Bonn 1999.

Engehausen, Frank: Kleine Geschichte des Großherzogtums Baden 1806-1918; Karlsruhe, G. Braun Buchverlag 2005.

„Entstehung und Einsetzung" (o.J.): Entstehung und Einsetzung der jüngsten ekl. Tochterloge „An Erwins Dom" Or. Straßburg, Elsass. Ohne Autor, ohne Jahresangabe. Druck von J.G. Findel in Leipzig. Vermutlich 1882/83.

Festschrift "200 Jahre Freimaurer in Freiburg"; Herausgegeben von der Freimaurerloge "Humanitas zur freien Burg" (dies war und ist heute wieder die „Edle Aussicht"); Freiburg, Eigenverlag der Loge 1984. / Festschrift „200 Jahre Freimaurer in Karlsruhe"; Herausgegeben von der Freimaurerloge „Leopold zur Treue"; Karlsruhe, Eigenverlag der Loge 1985.

Francke, Karl-Heinz / Geppert, Ernst-Günther: Die Freimaurerlogen Deutschlands und deren Großlogen 1737-1985, Nachschlagewerk über 284 Jahre Geschichte der Freimaurerei in Deutschland,

Selbstverlag der Freimaurerischen Forschungsgesellschaft „Quatuor Coronati" in Bayreuth 1988.

Freimaurer in Mannheim. Festschrift zum Großlogentag A.F.u.A.M.vD. 1991, herausgegeben von der gastgebenden Loge „Kurpfalz" in Mannheim; Mannheim, Eigenverlag der Loge 1991.

Geheimes Staatsarchiv Preußischer Kulturbesitz: Die Freimaurerbestände im Geheimen Staatsarchiv Preußischer Kulturbesitz, Band II: Tochterlogen, von Renate Edler und Elisabeth Schwarze-Neuß, Verlag Peter Lang – Europäischer Verlag der Wissenschaften, Frankfurt am Main 1996.

Handschriften für Brüder Freimaurer, als Manuskript gedruckte Schriften, welche nicht für den Buchhandel oder das Antiquariat bestimmt sind, verschiedene Autoren, verschiedene Verlagsorte

Häusser, Ludwig: Deutsche Geschichte vom Tode Friedrich des Großen bis zur Gründung des deutschen Bundes; Zweiter Teil: Bis zu den Schlachten von Jena und Auerstädt (14. Oktober 1806); Berlin, Weidmannsche Buchhandlung 1855.

Herden, Ralf Bernd: Straßburg Belagerung 1870. Europas Hauptstadt und das Elsass im Spannungsfeld der deutsch-französischen Auseinandersetzungen. Mit einem persönlichen Gruß S. K. u. K. Hoheit Dr. Otto von Habsburg. BoD Norderstedt März 2007.

Herden, Ralf Bernd: Das Kaiserfest in Straßburg 1886. In: TAU 2/2012, S. 49-61.

Herden, Ralf Bernd Großorient von Baden und Badischer Landeslogenverein von der Gründung 1806 bis zum Freimaurerverbot 1813. In: TAU 1/2013, S. 84-95.

**Herden, Ralf Bernd: Freimaurer in der Ortenau – Aus der Geschichte (nicht nur) der Lahrer Freimaurerloge „Allvater zum freien Gedanken", Die Ortenau – Veröffentlichungen des Historischen Vereins für Mittelbaden 2004, S. 395-425.

Hug, Wolfgang: Geschichte Badens; Stuttgart, Konrad Theiss Verlag 1992.

Jahrbuch der Vereinigten Großlogen von Deutschland 2006 – Bruderschaft der Freimaurer: Handschrift für Brüder Freimaurer, herausgegeben vom Großmeisteramt der Vereinigten Großlogen von Deutschland, Berlin.

Kageneck, Alfred Graf von: Friedrich Freiherr Böcklin von Böcklinsau. Die Ortenau 57 (1977), S. 272 ff.

Kehler Familiengeschichten, Band I herausgegeben von Hans Hollweck und Rolf Kruse (2004) und Band II herausgegeben von Rolf Kruse (2007), Verlag des Historischen Vereins Kehl e.V. in Kehl am Rhein.

Lennhoff, Eugen / Posner, Oskar: Internationales Freimaurer-Lexikon, unveränderter Nachdruck der Ausgabe 1932, Amalthea-Verlag Wien und München 1980.

Lennhoff, Eugen / Posner, Oskar / Binder, Dieter A.: Internationales Freimaurer-Lexikon, überarbeitete und erweiterte Neuauflage, F.A. Herbig Verlagsbuchhandlung GmbH in München 2000.

Maurerisches Archiv, Handschrift für Brüder Freimaurer, herausgeben von I.H.B., Mannheim 1809, Druck von F.W. C., von dieser Zeitschrift ist nur dieser eine Jahrgang erschienen.

Mendelsohn-Bartholdy, Carl: Der Rastatter Gesandtenmord; Heidelberg, Verlag Fr. Bassermann 1869. Auch: J.F.Th. Zandt: Der Rastatter Gesandtenmord; Karlsruhe, G. Braunsche Hofbuchhandlung 1869.

Obser, Karl: Ein Bericht über die Vorgänge in Offenburg vom 11. bis 15. März 1804; Mitteilungen der Badischen Historischen Kommission, Karlsruhe, Verlag Braun 1899, p.m57-m66.

Papst Pius, Päpstliche Bulle „Provida solersque" vom 16. August 1821 August 16.

Reichlin-Medlegg, Joseph Freiherr von: Der Rastatter Gesandtenmord; Heidelberg, Carl Winters Universitätsbuchhandlung 1869.

Runkel, Ferdinand: Geschichte der Freimaurerei, Reprint von 1932, Edition Lempertz o.O. 2006.

Sauer, Paul: Napoleons Adler über Württemberg, Baden und Hohenzollern; Stuttgart, Verlag W. Kohlhammer 1987.

Schreiber, Alois Wilhelm: Lebensbeschreibung Karl Friedrichs, Großherzogs von Baden; Heidelberg, Verlag Joseph Engelmann 1811.

Schwab, Peter: Roter Glanz und politisches Schwarzbrot - Vor genau hundert Jahren wurde in Kehl die SPD gegründet, in: Kehler Zeitung vom 20. Januar 2011.

Stüwe, Hartmut: Kehl und die badische Revolution 1848/49, Die Ortenau – Veröffentlichungen des Historischen Vereins für Mittelbaden 1998, S. 387-422.

Wichua, Lothar: Auerweck von Steilenfels (1766-1830); Die Ortenau, Jahrbuch des Historischen Vereins für Mittelbaden; Vol. 61 (1981), p. 178 ff.; Offenburg, Verlag des Historischen Vereins für Mittelbaden 1981.

Wilhelm II.: Ereignisse und Gestalten 1878-1918, Koehler, Berlin und Leipzig 1922, S.36.

Wolfstieg, August: Bibliographie der freimaurerischen Literatur, Bände 1-4, zweiter Nachdruck der Ausgabe 1913-1926 im Verlag Georg Olms, Hildesheim – Zürich – New York 1992

Zollner, Hans Leopold: Greif und Zarenadler – Aus zwei Jahrhunderten badisch-russischer Beziehungen; Karlsruhe, Badenia-Verlag 1981.

Rechtsanwalt
Ralf Bernd Herden

Bürgermeister a.D.
Lehrbeauftragter (univ.appl.sc.)

Verwaltungsrecht
Vereinsrecht
Nachbarrecht
Erbrecht
Kirchenrecht

www.rechtsanwalt-herden.de

Kanzlei in Lahr	Kanzlei im Wolftal
Goethestrasse 5	Haus im Rinken
77933 Lahr / Schw.	77776 Bad Rippoldsau-S.
Fon 07821 / 95 70 04	Fon 07839 910 98 00
Fax 07821 / 95 59 49	Fax 07839 910 98 01

e-mail: kanzlei@rechtsanwalt-herden.

Danke...

Herzlich danken möchte ich Herrn Gemeindeamtsrat a.D. Erich Bächle, meinem langjährigen Wegbegleiter und treuen Freund, der sich als Nichtfreimaurer der doch recht aufwändigen Aufgabe unterzogen hat, die Korrektur für diese Arbeit zu lesen.

Mein Dank gilt ferner meinem freimaurerischen Weggefährten Prof. Dr. Klaus-Jürgen Grün für das brüderliche Grußwort.

Dank sagen möchte ich auch allen Brüdern meiner Mutterloge „Allvater zum freien Gedanken" (AFAM) in Lahr, der Loge „Zuflucht im Schwarzwald" (AFAM) in Freudenstadt – welche mich als fast ständig besuchenden Bruder ertragen -, sowie der Logen „Black Forest" (ACGL) in Lahr, „Les Douze Etoiles" (ACGL) in Lahr, „Aquarius" (AFAM) in Freiburg, „Badenia zum Fortschritt" (AFAM) in Baden-Baden sowie „Eifel" (ACGL) in Kehl, denen ich ebenfalls in besonderer Form verbunden sein darf.

Dank gilt ferner dem Deutschen Freimaurermuseum in Bayreuth, dem Geheimen Staatsarchiv Preußischer Kulturbesitz in Berlin, dem „Internationalen Netzwerk Freimaurerforschung", sowie allen Archivaren und Bibliothekaren, welche mich bei meinen Recherchen unterstützt haben.

Ganz aufrichtigen Dank nicht zuletzt auch meiner Familie, welche mir stets den Freiraum für einen freimaurerischen Lebensstil und mein unermüdliches Schreiben gönnt.

Weitere Bücher von Ralf Bernd Herden

Örtliche Vereine. Ihr Recht,
ihre Rechtsprobleme und Rechtsbeziehungen im Alltag.
ISBN 978-3738620054

Straßburg Belagerung 1870
ISBN 9783833451478

Roter Hahn und Rotes Kreuz
Gesichte des Feuerlösch- und Rettungswesens
ISBN 3833426209

Fliegende Blätter der Geschichte.
Für Bildungshungrige...
ISBN 9783837049916

Katastrophenpotentiale. Gestern. Heute. Morgen.
Bedrohungen der Vergangenheit, Gegenwart, Zukunft.
ISBN 9783848207381

Totwachsen oder Aussterben?!
Ein kommunaler Vergleich: Mannheim, Kehl und Dornhan
ISBN 9783741226403

In jeder Buchhandlung erhältlich!